Irene M. Beier

Mit Eltern im Gespräch

Ein Leitfaden für Krippe und Kita

Klett | Kallmeyer

Inhalt

Vorworte

Dr. Ilse Wehrmann 6

Dr. Rudolf A. Kaufmann 7

Wie ist dieses Buch zu lesen? 8

Einführung 9

1. **Grundgedanken zu den Aufgaben einer Erzieherin**
   oder: Was wir nicht tun müssen 12

2. **Der systemische Ansatz als Grundlage** 15

3. **Worauf ich Einfluss habe** 18
   Der Kreis des Einflusses (Kopiervorlage) 20

4. **Familientypologien** 21
   4.1   Das instabile Familiensystem 21
   4.2   Das pseudo-stabile Familiensystem 21
   4.3   Das stabile Familiensystem 22

5. **Kommunikationsmodelle** 24
   5.1   Kommunikationsmuster nach Virginia Satir 24
   5.1.1 Kongruentes Kommunikationsverhalten 25
   5.1.2 Beschwichtigendes Kommunikationsverhalten 26
   5.1.3 Anklagendes Kommunikationsverhalten 27
   5.1.4 Rationalisierendes Kommunikationsverhalten 28
   5.1.5 Ablenkendes Kommunikationsverhalten 29
   5.2   Das Interaktionsmodell nach Friedemann Schulz v. Thun 30
   5.2.1 Der Sender einer Botschaft 30
   5.2.2 Der Empfänger einer Botschaft 32

6. **Das gute (aktive) Zuhören** 35
   Die 10 Gebote des guten Zuhörens (Kopiervorlage) 36

7. **Das Elterngespräch** 37
   7.1   Vorbereitung des Elterngespräches 37
   Checkliste für die Vorbereitung des Elterngespräches (Kopiervorlage) 41
   7.2   Differenzierte Planung des Elterngespräches 43
   Checkliste für die differenzierte Planung des Elterngespräches (Kopiervorlage) 46

7.3 Die Reflexion 48

Checkliste Reflexion (Kopiervorlage) 49

7.4 Rollenspiele als Übungsmethode 51

8. Beispiel für ein Elterngespräch 52

9. Das Aufnahmegespräch 55

Fragebogen zur Vorbereitung der Eingewöhnung von Krippenkindern (Kopiervorlage) 57

Fragebogen Kita (Kopiervorlage) 62

10. Das Entwicklungsgespräch 64

Fragebogen für ein Entwicklungsgespräch (Kopiervorlage) 65

11. Das Konfliktgespräch 67

12. Ich-Botschaften – Du-Botschaften 69

13. Fragetechniken 71

13.1 Die offene Frage 71

13.2 Die geschlossene Frage 72

13.3 Die Alternativfrage 72

13.4 Die Suggestivfrage 73

14. Das systemische Gespräch 74

14.1 Die zirkuläre Frage 75

14.2 Die Wunderfrage 78

Formulierungshilfen (Kopiervorlage) 79

14.3 Das Aufstellen 80

14.3.1 Aufstellen mit kleinen Puppen 80

14.3.2 Aufstellen mit symbolischen Gegenständen 83

14.3.3 Aufstellen mit vorhandenen Gegenständen 83

14.3.4 Aufstellen mit Teilnehmenden 85

14.4 Die Hausaufgabe 85

14.5 Die paradoxe Intervention 86

14.6 Der Abschluss des Gespräches 87

Literaturhinweise 88

Bildquellen 88

Zur Autorin 88

Vorworte

Dr. Ilse Wehrmann

Der Beruf der Erzieherin ist in der letzten Zeit einer großen Veränderung unterworfen. Der – nicht nur berechtigte, sondern unverzichtbare – Anspruch auf Bildung von Anfang an hat die Anforderungen an diesen Beruf ganz erheblich erweitert. Die fachliche Qualifikation stellt andere Anforderungen an die Professionalität der Erzieherinnen.

Eltern haben ein großes Interesse an einer guten Erziehung und Bildung ihrer Kinder. Da heutzutage oft Vorbilder in der Kindererziehung fehlen, wenden sie sich vertrauensvoll an die Erzieherin in der Krippe oder in der Kita (Kindertagesstätte) ihres Kindes.

Eltern wollen – vor allem je jünger ihr Kind ist, desto detaillierter – fachlich fundierte Informationen zum Entwicklungsstand, zu pädagogischen Fragen und zum Alltag des Kindes in der Einrichtung erhalten. Sie suchen professionelle fachliche Beratung bei der Erzieherin zu Übergängen, Krisen und Unsicherheiten im Leben und im Umgang mit ihrem Kind.

Krippen und Kitas sind Kompetenzzentren für frühkindliche Erziehung und Bildung. Das Ziel ist eine Stärkung der elterlichen Erziehungskompetenz durch Bildungs- und Beratungsangebote in der Einrichtung.

Gesprächsführung und Kommunikation haben also in Krippe und Kita mehr und mehr an Bedeutung gewonnen. Eine annehmende, wertschätzende Haltung der Erzieherin erleichtert es den Eltern, Vertrauen zu der Person zu gewinnen, in deren Hände sie ihr Kind für einige Stunden täglich übergeben.

In diesem Buch finden Erzieherinnen eine Anleitung, die theoretische Grundlagen mit praxisnahen Bezügen verbindet, um diese Erziehungs- und Bildungspartnerschaft mit den Eltern fachlich qualifiziert zu gestalten.

Dr. Ilse Wehrmann
Sachverständige für Frühpädagogik

Dr. Rudolf A. Kaufmann

Klingt das provozierend oder ist die Latte zu hoch gelegt, wenn man sagt:

Man(n und Frau) müsste eigentlich

▸ als Erzieher/in wenigstens genauso viele Übungsstunden Elterntraining absolviert haben wie für den Führerschein,

▸ Frieden geschlossen haben mit der Herkunftsfamilie,

▸ den eigenen Reichtum entdeckt und lieben gelernt haben,

▸ mit dieser Liebe dann in die Augen des Kindes schauen,

▸ das Wort *er*-ziehen durch das Wort *be*-gleiten ersetzt haben – spätestens an dem Tag, an dem das erste Kind geboren wird.

Dann erhielten die „effektiven Elterngespräche" in Krippe und Kita eine neue Dimension und Tiefe.

Weil wir alle wissen, dass bis zum Ideal oft noch ein weiter Weg vor uns liegt, sucht man nach Rat und Hilfe. Hier ist dieses vorliegende Handbuch von Irene Beier ein guter Begleiter.

Ich wünsche, dass dies allen gesprächs- und ratsuchenden Eltern und den sie begleitenden Erzieherinnen gelingt.

Dr. Rudolf A. Kaufmann
Systemischer Therapeut, lebt in den USA

Wie ist dieses Buch zu lesen?

Dieses Buch ist für Erzieherinnen geschrieben, die ihre Erfahrungen in der Praxis machen und gemacht haben und gewisse Grundkenntnisse besitzen. Es werden einige theoretische Grundlagen beschrieben, welche mit Beispielen aus der Praxis verdeutlicht werden.

Sie können nach dem Inhaltsverzeichnis die Zusammenfassungen der einzelnen Kapitel lesen und dann entscheiden, ob Sie mit dem Thema bereits vertraut sind. Wenn ja, gehen Sie weiter zum nächsten Kapitel.

Zur schnellen Orientierung im laufenden Text sind am Rand wichtige Stichpunkte vermerkt. Am Ende eines Kapitels finden Sie regelmäßig eine Übung und eine Zusammenfassung. Mit der Übung können Sie Ihr angelesenes Wissen vertiefen bzw. Anregungen trainieren.

Die Themen sind in sich abgeschlossen. Deshalb können Sie diese auch in anderer Reihenfolge lesen. Wichtig ist die Gesamtheit der Informationen, um eine sichere und positive Gesprächshaltung zu entwickeln.

Hilfreich wird es sein, wenn Sie sich die Kopiervorlagen (20, 36, 41f., 46f., 49f., 57–61, 62f., 65f. 79) aus dem Buch kopieren und zur Vorbereitung eines Gespräches nutzen. Vergrößern Sie die Seiten auf dem Kopierer um 30%, erhalten Sie eine praktische Arbeitsgrundlage.

Es geht in diesem Buch nicht darum, bestimmte Gesprächsabläufe festzulegen oder Ihnen Schemata an die Hand zu geben. Wichtig ist vielmehr, Ihnen Selbstsicherheit durch eine systemische Gesprächshaltung als Grundlage zur Gesprächsführung zu vermitteln, die es Ihnen ermöglicht, entspannt und erfolgreich Gespräche zu führen.

Einführung

Auf die Frage „Warum arbeiten Sie in einer Kita?" werden Sie sagen: „Weil ich gern mit Kindern arbeiten möchte!"

Wir arbeiten also in einer Kindertageseinrichtung oder Krippe, weil uns die Arbeit mit Kindern Freude macht, weil wir dort unsere Fähigkeiten sehen und entsprechende Kenntnisse erworben haben.

Ein nicht unerheblicher Teil Ihrer Arbeit hat – über den Kontakt und die Betreuung der Kinder hinaus – mit den Eltern der Kinder zu tun. Nicht alle Erzieherinnen sind darüber besonders erfreut; denn zu diesem Thema haben die meisten in ihrer Ausbildung nicht sehr viel gelernt. Genau das ändern Sie gerade mit der Lektüre dieses Buches! Und Sie werden feststellen, dass Kommunikation mit den Eltern richtig Spaß machen kann! Nebenbei bemerkt: Es hilft auch im Privatleben und bei anderen Gesprächen…

Die Zusammenarbeit mit den Eltern ist ein wesentlicher Faktor der Arbeit einer Erzieherin. In der Kita finden häufig Tür-Angel-Gespräche beim Bringen und Abholen der Kinder statt. Sie sind – nach dem Aufnahmegespräch – trotz der Kürze ein wichtiger Faktor bei dem Aufbau des gegenseitigen Vertrauens. Des Weiteren finden in der Regel mindestens einmal im Jahr Entwicklungsgespräche statt. Beratungsgespräche werden nach Bedarf manchmal auf Initiative der Eltern, manchmal auf Initiative der Erzieherin geführt. Diese Gespräche können ein gewisses Konfliktpotenzial beinhalten, weil es öfter um Probleme in Bezug auf das Kind geht.

In einer Krippe hat die Elternarbeit und der Kontakt zu den Eltern noch mal eine ganz besondere Bedeutung!

Die Kinder in einer Krippe – im Alter von 8 Wochen bis 3 Jahren – sind am Anfang nicht in der Lage, für sich zu sprechen oder Wünsche und Bedürfnisse verbal zu artikulieren. (Auf

nonverbale Weise sind sie dazu – wie wir alle immer wieder bemerken – glücklicherweise sehr wohl in der Lage!)

Dies hat zur Folge, dass die Tür-Angel-Gespräche beim Bringen und Abholen der Kleinkinder eine andere Gewichtung erhalten. Die Erzieherin muss Informationen von den Eltern bekommen, wie z.B.: Hat das Kind gegessen bzw. getrunken, wann ist es zuletzt gewickelt worden, wie war die Nacht, ist es müde usw. Beim Abholen des Kindes möchten die Eltern Informationen über den Tagesverlauf von der Erzieherin erhalten, um entsprechend auf ihr Kind eingehen zu können.

Entwicklungsgespräche werden in der Krippe sogar zweimal jährlich geführt. Je jünger das Kind ist, desto schneller geht die Entwicklung voran.

Das Personal in Krippen und Kindergärten sollte den Eltern zugewandt und positiv gegenübertreten und den Familien wertschätzend und annehmend begegnen. Wir gehen mit den Eltern schließlich eine Erziehungspartnerschaft und nicht eine Erziehungsgegnerschaft ein. Auch wenn die Erzieherin einen anstrengenden Tag hatte, müde und genervt ist, ist das keine Entschuldigung, den Eltern gegenüber unfreundlich oder abweisend zu sein. *Wir* sind die Profis in Kommunikation, die Eltern sind dieses nur in Ausnahmefällen.

Im sozialen Bereich ist das Duzen untereinander sehr verbreitet. Die Kinder duzen die Erzieherinnen meistens und sprechen sie mit Vornamen an. Die Erzieherinnen duzen sich mit den Eltern. Alle sprechen sich – wie die Kinder – mit Vornamen an. Das kann mit einigen Eltern gut funktionieren, birgt aber ein gewisses Konfliktpotenzial. Es gibt Menschen, die mit dem Duzen andere Umgangsformen verbinden als mit

Kommunikation kann Spaß machen!

Zusammenarbeit mit Eltern

Erziehungspartnerschaft

Wir sind die Profis!

Duzen – Siezen

dem Siezen. Sie setzen die Grenzen anders, sehen das Verhältnis als eher freundschaftlich und nicht als berufliches an. Es kommt vor, dass sie sich im Ton vergreifen (kumpelhaft, aggressiv, lässig), Grenzen überschreiten (zu Hause anrufen, zu Hause vorbeikommen, Privates erzählen oder fragen usw.) oder die Erzieherin in ihrem Beruf (insbesondere bei Konfliktgesprächen oder Forderungen) nicht ganz so ernst nehmen.

Im Kontakt mit den Eltern hat sich daher das Siezen sehr bewährt! Auch wenn es Ihnen am Anfang vielleicht merkwürdig vorkommt und Ihnen mit Sicherheit mit einigen Eltern schwerfällt, lohnt es sich, bei neuen Eltern vom Duzen auf das Siezen zu wechseln. Die Beziehung zu den Familien ist schließlich beruflicher und nicht privater Art. Der Kontakt ist auf eine angenehme Weise etwas distanzierter und professioneller, ohne weniger zugewandt und freundlich zu sein. Beide Seiten nehmen sich eher auf einer beruf-

lichen Ebene wahr. Eltern nehmen die Erzieherin auf eine andere Art ernster. Bei Gesprächen ist es leichter, auch unangenehme Dinge sachlich zu besprechen und im richtigen Moment eine größere Distanz zu haben. Die emotionale, emphatische Nähe zum Kind wird dadurch nicht beeinträchtigt. Positive Rückmeldungen an die Eltern wirken anders, bedeutsamer, weil sie auf der fachlichen Ebene eine andere Qualität erhalten.

Wenn man nicht gerade in einer neuen Einrichtung gleich mit dem Siezen anfängt, gibt es bei einem Wechsel von Du auf Sie eine Zeit lang immer Eltern, mit denen Sie sich noch duzen, und die neuen Familien, mit denen Sie sich siezen. Diesen Wechsel sollten Sie den Eltern z.B. beim Erstgespräch oder auf dem ersten Elternabend erläutern: „Wir stellen in unserer Einrichtung im Kontakt mit den Eltern vom Du auf das

Abb. 1: Elterngespräch

Sie um. Natürlich bleiben wir bei den ‚alten Eltern' beim Du. Mit allen neuen Familien siezen wir uns. Da die Kinder uns beim Vornamen ansprechen, dürfen Sie das selbstverständlich auch gern tun und ‚Sibylle und Sie' sagen."

Alles, was und wie wir etwas tun, hat eine Wirkung nach Außen. Erzieherinnen stehen auf einer Art Bühne und die Eltern registrieren: Was hat sie heute an? Hat sie schlechte Laune? Sie ist heute so ansteckend fröhlich. Die ist heute aber kurz angebunden …

Jede von uns weiß das natürlich, aber im Alltag gerät dieses Wissen in den Hintergrund. Nun müssen wir auch nicht jede einzelne Geste, Betonung usw. in jeder Sekunde bewusst einsetzen. Das ist unmöglich und alle Natürlichkeit und Kongruenz ginge verloren.

Es ist also nicht egal, wie wir uns im Kontakt mit den Eltern verhalten, ein Elterngespräch führen oder einen Elternabend durchführen. Um Elterngespräche zu optimieren, ist es notwendig, einige Grundlagen zu kennen. Insbesondere bei Konfliktgesprächen ist es sehr hilfreich, einerseits zu wissen, wie man selbst in Konflikten reagiert und agiert, und andererseits gewisse Gesprächstechniken zu kennen und zu beherrschen.

Besonders wichtig ist, dass wir uns unsere eigene, innere Haltung zu der entsprechenden Familie, zu deren Lebensweise und Verhaltenweisen bewusst machen. Denn wir kommunizieren nicht nur über die Sprache, sondern mit dem ganzen Körper und würden dadurch unbewusste Vorbehalte, Abneigungen usw. indirekt an die Eltern kommunizieren, auch wenn wir dies mit Worten nicht zum Ausdruck bringen.

Ich erlebe oft bei den Erzieherinnen eine gewisse Scheu und Unsicherheit, wenn es um Elterngespräche geht. Dies wundert mich nicht, da dieses Thema in der Ausbildung häufig zu kurz kommt. Die meisten meiner Kolleginnen hatten nicht viele Informationen, geschweige denn Übungsmöglichkeiten. Kein Wunder, dass sie gegenüber Elterngesprächen allgemein, insbesondere Konfliktgesprächen oder schwierigen Themen mit Eltern, eher zurückhaltend waren.

Dieses Buch vermittelt Ihnen einige Grundkenntnisse zur Kommunikation und zeigt Möglichkeiten für Gespräche mit Eltern. Durch professionell vorbereitete Gespräche werden Sie selbstsicherer im Umgang mit Eltern. Mit dem systemischen Ansatz wird es Ihnen leichtfallen, einen konstruktiven, wertschätzenden und für alle Beteiligten gewinnbringenden Kontakt zu den Eltern herzustellen.

1. Grundgedanken zu den Aufgaben einer Erzieherin oder: Was wir nicht tun müssen

Es ist wichtig, dass die Erzieherin in ihrer Rolle sicher ist; dies gibt sowohl dem Kind als auch den Eltern Vertrauen. Je mehr Sie über Kommunikation wissen (z.B. über das Lesen, Fortbildung) und je mehr Sie Kommunikation üben, desto sicherer werden Sie.

Eltern dürfen Fehler in der Kommunikation machen, Erzieherinnen sollten diese dann nicht persönlich nehmen.

Beispiel:
Sie sitzen mit den Kindern bereits im Morgenkreis. Eine Mutter platzt einfach in die Gruppe und legt los: „Ich habe Ihnen schon so oft gesagt, dass Max nicht ohne Schal raus darf! Gestern war er wieder ohne draußen. Das geht so nicht! Wie oft muss ich das denn noch sagen?"

Sie, als Erzieherin denken vielleicht: „Kommt die schon wieder zu spät! Ständig stört sie im Morgenkreis. Ich habe eh schlecht geschlafen, die Kinder sind heute nörgelig und jetzt das noch!" Diese Gedanken gehen Ihnen blitzschnell durch den Kopf. Eine mögliche Antwort auf die Vorwürfe der Mutter wäre: „Ich habe 20 Kinder, die ich anziehen muss, da kann ich nicht bei jedem Kind Sonderwünsche erfüllen. Und außerdem stören Sie gerade wieder einmal unseren Morgenkreis!"

Verantwortung der Familie Das sagen Sie natürlich nicht. Damit würden Sie mit ziemlicher Sicherheit einen Konflikt auslösen. Vielleicht geht die Mutter zur Leiterin und beschwert sich dort. Vielleicht, was noch schlimmer wäre, spricht sie mit anderen Müttern darüber und macht Ihre Arbeit schlecht. Als Erzieherin sollten Sie professionell reagieren. Was heißt

das nun? Sie machen Ihrem Ärger keine Luft. Sie werten das Verhalten der Mutter nicht als persönlichen Angriff, sondern sehen es als Ausdruck der Sorge um ihr Kind. Dann können Sie der Mutter antworten: „Ich verstehe Ihre Sorge um die Gesundheit Ihres Sohnes. Ich werde Max heute den Schal umbinden. Wenn Sie einverstanden sind, reden wir darüber heute, wenn Sie Ihren Sohn abholen? Jetzt passt es nicht, denn ich möchte den Morgenkreis für die Kinder fortsetzen."

Sie haben die Situation entschärft, indem Sie die Mutter ernst genommen haben. Gleichzeitig haben Sie die Mutter darauf hingewiesen, dass sie den Kreis stört, ohne die Mutter anzugreifen. Und Sie haben Ihr ein Gesprächsangebot gemacht.

Im Folgenden beschreibe ich einige Grundgedanken zu den Aufgaben einer Erzieherin:

Wichtig ist:
▸ Wir müssen die Probleme der Familie nicht lösen, wir können es auch gar nicht. Die Lösung findet nur die Familie selbst! Wir können noch so viele Ideen und Lösungen parat haben, keine wird der Familie passen (im wahrsten Sinne des Wortes), keine wird sie annehmen oder umsetzen können. Sie kennen sicher aus eigener Erfahrung, wie wenig effektiv die vielen gut gemeinten Rat- oder Vorschläge sind. Wir können der Familie helfen, mehr über sich zu erfahren und dadurch ihr System und ihre Verhaltensweisen besser zu verstehen. Ich finde das im Übrigen auch sehr beruhigend für mich selbst. *Die Verantwortung war und bleibt bei der Familie.*
▸ Jedes System (siehe Kapitel 2) ist träge und will Vertrautes bewahren. Die Familie will zunächst wahrscheinlich keine Veränderung. Sie haben ihren Weg miteinander gefunden und dieser ist ihnen vertraut. Jede Verände-

rung macht unsicher und setzt viel Mut voraus. Das kennt jeder von sich selbst. Die Voraussetzung für eine Veränderung ist die Aufgabe einer alten Gewohnheit. Dies fällt schwer und es gibt viele Menschen, die lieber in einer schlechten, aber vertrauten Situation bleiben, als eine neue, dafür unbekannte Situation herbeizuführen. Beispielsweise bleibt ein Mensch lieber in einer unbefriedigenden Partnerbeziehung, als sich zu trennen. Eine Trennung würde bedeuten, sich der Konfrontation zu stellen, zunächst möglicherweise allein zu sein, evtl. neue, unbekannte Menschen kennenzulernen, sich auf eine neue, fremde Situation einstellen zu müssen, andere Tagesabläufe zu organisieren usw. Davor haben viele Menschen Angst und sie bleiben deshalb lieber bei dem Vertrauten. Der Leidensdruck muss erst so groß werden, dass Veränderung als einziger Weg zu einer Lösung erkannt wird. Beispielsweise ein Kind wird so auffällig, dass dies nicht mehr ignoriert werden kann. Evtl. gibt es ein Familienmitglied, das Veränderung möchte, dann können wir hier ansetzen und Unterstützung geben.

▸ *Wir geben keine Ratschläge.* Die Eltern und Kinder kommen mit unserer Begleitung selber auf ihren Lösungsweg. Es gibt ihn nämlich nicht: den für alle richtigen Weg. Jeder findet seinen eigenen, den nur für ihn richtigen Weg. Unseren Weg (Vorschlag oder Ratschlag) setzt die Familie nicht um. Dieser wird in der Regel mit „Ja, aber…" beantwortet. Daraus können Sie die Einschränkung der Zustimmung und die Unmöglichkeit der Umsetzung schon entnehmen.

Veränderung braucht Mut

> **Beispiel:**
> Ein Kind sagt: „Mir ist langweilig."
> Sie antworten: „Dann mal doch ein Bild!"
> Kind: „Nö, keine Lust."
> Sie: „Magst du ein Bilderbuch anschauen?!"
> Kind: „Nee, ich kenne die alle schon."
> Sie: „Dann mach doch ein Puzzle, das schöne neue, was du grad von Oma bekommen hast!"
> Kind: „Hab ich aber keine Lust zu!"

Das können wir nun unendlich fortsetzen. Vielleicht wäre der Vorschlag, ein Eis zu essen oder einen Film zu schauen, eine Chance auf ein Ende… Aber ob Sie selbst dieses wirklich wollen, bleibt letztendlich Ihre Entscheidung. Und egal, was wir vorschlagen, es ist alles nicht richtig. Bis demjenigen selber etwas einfällt, nachdem er die Langeweile einen Moment ausgehalten hat. (Nebenbei bemerkt ist Langeweile eine äußerst produktive und kreative Phase, in der sich viele gute Ideen entwickeln können.)

Im Gespräch benennen wir nur Fakten und helfen der Familie u. a. auf dem Weg zu einer Lösung, indem wir manchmal Unsichtbares für die Eltern sichtbar machen. Dabei ist es bedeutsam, dass wir immer zwischen Wissen und Interpretation unterscheiden und dies auch entsprechend zum Ausdruck bringen (Ich weiß, dass... oder: Könnte es sein, dass…). Sie werden feststellen, dass es dazu notwenig ist, genau und bis zum Ende zuzuhören. Oft meinen wir das Ende des Satzes schon zu kennen und hören nicht mehr genau zu. Ebenso oft müssen wir feststellen, dass wir uns geirrt haben. Deshalb ist es so wichtig, sehr genau zwischen Wissen/Fakten und der eigenen Interpretation zu unterscheiden.

Ratschläge sind auch Schläge!

Übung 1:

Für diese Übung sind zwei Personen notwendig. Sie sagen einen Satz über sich selbst, z. B. „Ich fahre gerne Ski" oder „Ich liege im Urlaub gern in der Sonne". Wählen Sie einen Satz, der etwas über Sie aussagt, mit dem Sie ein Gefühl verbinden. Ihre Kollegin bzw. Freundin hat nun die Aufgabe, Ihre Aussage zu interpretieren. Sie stellt Ihnen Fragen zu Ihrem Satz, z. B. „Bist du gern an der frischen Luft?". Die Aufgabe ist erfüllt, wenn Sie dreimal mit „Ja" geantwortet haben. Dann wechseln Sie und Ihre Kollegin sagt einen Satz über sich und Sie interpretieren so lange, bis Sie dreimal ein „Ja" erreicht haben.

Haben Sie keinen Übungspartner? Dann nehmen Sie das nächste Gespräch, welches Sie führen oder ein Gespräch, dem Sie zuhören, ob im Fernsehen, dem Bus oder beim Einkaufen, und interpretieren Sie in Gedanken für sich selbst. Stellen Sie in Gedanken Fragen, folgen Sie dem Gespräch und überprüfen Ihre Vermutungen. Haben Sie richtig gelegen? Erkennen Sie, wo Sie mit Ihrer Interpretation falsch gelegen haben?

Wichtig ist:

Wir beurteilen nicht, sondern lernen nur kennen. Nicht vermuten, sondern nachfragen und aktiv zuhören. Es gibt so viele unterschiedliche Werte und Normen. *Mit welchem Recht setze ich meine als die richtigen an und werte die anderen als falsch ab?* Als Gesprächsführende müssen wir uns unserer eigenen Werte und Normen, Vorurteile und Tabuthemen bewusst sein. Wir müssen unsere eigene Haltung genau überprüfen, damit wir unsere Bewertung nicht unbewusst in Ton oder Wortwahl zum Ausdruck bringen und damit dem Gespräch eine andere, nicht gewünschte Wendung geben. Es könnte sonst passieren, dass manche Eltern versuchen, uns „nach dem Mund" zu reden, um unsere Anerkennung zu erhalten.

ZUSAMMENFASSUNG

– Wir müssen der Familie keine fertige, starre Lösung präsentieren.
– Die Verantwortung bleibt bei der Familie.
– Wir geben keine Ratschläge. Die Familie entwickelt mit unserer Unterstützung eigene Wege zu einer Veränderung.
– Das Vertraute gibt Sicherheit.
– Jede Veränderung setzt großen Mut voraus.

2. Der systemische Ansatz als Grundlage

In der Kita oder in der Krippe arbeiten wir mit Kindern. Diese Kinder leben in einer – wie auch immer zusammengesetzten – Familie.

Die Familie ist ein System, welches nach bestimmten Regeln (Paradigmen) funktioniert. Das System Familie setzt sich aus verschiedenen Anteilen (Familienmitgliedern) zusammen. Es reicht nicht, sich nur einen Teil anzugucken (z. B. das Kind), wir müssen das ganze System sehen und verstehen lernen. Wenn ein Teil des Systems nicht mehr funktioniert, funktioniert das ganze System nicht mehr (wie bei einer Uhr: Wenn ein Zahnrad stehen bleibt, funktioniert die ganze Uhr nicht mehr, auch wenn alle anderen Zahnräder noch intakt sind).

Die Familie (oder die Sportmannschaft, das Arbeitsteam usw.) funktioniert als System wie ein Mobile. Egal, wie viele Mitglieder (Teile eines Mobiles) es gibt, jeder hat seinen Platz und das Mobile hängt ausgeglichen. Das System funktioniert auf seine Weise. Sobald wir ein Teil des Mobiles berühren, bewegt sich das ganze Mobile. Es ist nicht möglich, nur ein Teil separat von den anderen zu bewegen. Bekommt nun ein Teil mehr Gewicht oder einen anderen Platz, gerät das ganze Mobile in Schieflage und muss neu ausbalanciert werden. Hier liegt ein Vorteil, den wir nutzen können: Verändert sich nur ein Mitglied der Familie (des Systems), verändern sich alle zwangsläufig mit.

Die Familie als ein Mobile

Abb. 2: Die Familie als Mobile

15

Das Mitglied eines Systems, welches nicht „funktioniert", wird der Identifizierte Patient (IP) genannt. Für uns im Kindertagesheim oder in der Krippe wird es das von uns betreute Kind sein, welches uns auffällt. Dieses zeigt Symptome: Beispielsweise ist es in seiner Ausdrucksweise besonders laut oder besonders still, reagiert leichter als andere aggressiv, zeigt Essstörungen, motorische Störungen fallen auf usw. Gern werden solche Auffälligkeiten im Moment ADS/ADHS (Aufmerksamkeitsdefizitsyndrom) genannt.

Es ist nicht sinnvoll, diese Symptome zu beseitigen, denn diese werden dringend gebraucht, um das ganze System funktionieren zu lassen. Jedes Verhalten macht Sinn, wenn wir den Kontext kennen!

Um dem Kind zu helfen, müssen wir also herausfinden, wozu die Familie und/oder das Kind die Symptome des IP braucht. Also stellen wir uns z. B. die Frage: Was hat das Kind davon, sich so zu verhalten? Was würde passieren, wenn das Kind sich verhält, wie die Eltern es (vorgeblich) wünschen oder als unauffällig einstufen?

Da die Familie miteinander eingespielt ist, wird sie sich evtl. gegen eine Veränderung wehren. So (gut oder schlecht), wie es jetzt läuft, ist es ihnen allen vertraut. Vielleicht wollen sie auch nicht, dass die Hintergründe ihres Systems bekannt werden.

Jedes System reagiert nach bestimmten Regeln. Es gibt offene und verdeckte Regeln. Diese werden auch als offene oder geheime Verträge bezeichnet. Offene Verträge sind – wie der Name schon sagt – offen abgesprochene Vereinbarungen.

Beispiel:

Ein Paar hat die Arbeiten des Haushalts besprochen und folgendermaßen aufgeteilt: Der Mann bringt den Müll raus, die Frau kümmert sich um die Wäsche, Einkaufen gehen sie gemeinsam. Nicht klar besprochen haben sie z. B., wer Staub putzt, die Einkaufsliste schreibt, bestimmt, was es zu essen gibt. Es hat sich eingespielt, wer was davon übernimmt, aber es ist nicht klar definiert. Über die letzten drei genannten Tätigkeiten wird es immer wieder mal Streit geben.

Dies ist ein relativ harmloses Beispiel für Verträge. Geheime Verträge können eine Beziehung scheitern lassen. Beispielsweise kann es folgende geheime Absprachen geben: Ich will nicht wissen, ob du fremdgehst; du bist für die Kinderbetreuung verantwortlich; du bist für mein Glück verantwortlich; du musst erraten, was mich unglücklich macht, und dies verhindern. Oder, auch dies ist ein geheimer Vertrag: Viele Menschen bleiben lieber in einer für sie schlechten Situation, als das Unbekannte zu riskieren. So bleiben manche Menschen – trotz anderer Möglichkeiten – an einer Arbeitsstelle, an der sie sich im Team und mit ihrem Chef sehr unwohl fühlen, sich schlimmstenfalls sogar gemobbt fühlen und sehr ungern zur Arbeit gehen. Aber diese Situation (und folglich deren offene und geheime Verträge) ist ihnen vertraut, sie kennen die Kollegen und Kolleginnen und ihren Chef und deren Verhaltensweisen. Das ist den meisten Menschen lieber, als sich auf neue, unbekannte Kollegen einzulassen. Deren Verhalten kennen sie schließlich noch nicht. Und auch

---

Übung 2:

Notieren Sie: In welchem Familiensystem sind Sie aufgewachsen, welche Regeln galten dort als unumstößlich?
Welche dieser Regeln haben für Sie in Ihrer Partnerschaft/Familie heute noch Gültigkeit?
Welche Regeln haben Sie verändert, Ihrer heutigen Situation angepasst?

Abb. 3: Familienmitglieder ohne persönliche Kontur

rem System bleiben will, haben wir keine Chance, dieses zu verändern.

Und auch wenn es nicht unsere Aufgabe ist, das ganze System zu verändern, so hilft uns ein Elterngespräch doch, das bestehende System besser zu verstehen und daraus unser pädagogisches Handeln für das Kind in der Einrichtung abzuleiten. Wir können mit diesem Wissen und Verständnis adäquate, unterstützende Handlungsschritte für das Kind erarbeiten und umsetzen. Und hier kommt wieder das Bild des Mobiles (siehe S. 15 und links) zum Tragen: Als logische Konsequenz neuer Erkenntnisse über die Familie gehen die Pädagogen in der Kinderbetreuungseinrichtung anders mit dem Kind um. Damit bieten wir dem Kind die Möglichkeit, neue Erfahrungen zu machen, andere Handlungskompetenzen zu erlangen und in ähnlichen Situationen anders und angemessener zu reagieren. Wenn wir uns anders dem Kind gegenüber verhalten, kann das Kind nicht mehr nach seinem alten Handlungsplan agieren. Und wenn das Kind als ein Teil der Familie (des Mobiles) anders handelt als vorher, kann seine Familie ebenfalls nicht mehr genauso handeln wie vorher.

Das System der Familie verstehen

„wenn es schlimmer nicht kommen kann", so ist die Angst vor dem Unbekannten oft größer als die Chance auf neue, nette Kollegen. Sie behalten lieber das vertraute, bekannte Elend, als das ungewisse Neue zu wagen.

Um das Kind in unserer Einrichtung optimal unterstützen zu können, müssen wir also das System seiner Familie kennen und verstehen lernen. Und das ist gar nicht so schwierig! An dieser Stelle brauchen wir ein Elterngespräch. Stellt sich hierbei heraus, dass die Familie in ih-

ZUSAMMENFASSUNG

- Eine Familie ist ein System, welches nach bestimmten, eigenen Regeln funktioniert.
- Jedes Verhalten macht Sinn, wenn man den Kontext kennt.
- Wir lernen das System der Familie kennen und bewerten es nicht.
- Wenn eine Familie in ihrem System bleiben will, können wir das nicht ändern.
- Wir stellen uns die Familie als Mobile vor und erkennen: Wenn sich ein Familienmitglied anders verhält, wirkt sich dies auf alle Familienmitglieder aus.

3. Worauf ich Einfluss habe

Wir alle kennen das: Wir beißen uns an einem Thema fest, verzetteln uns in Aktivitäten, die zu keinem Erfolg führen, ärgern uns maßlos und sind am Ende frustriert, weil wir (fast) nichts erreicht haben.

Machen Sie sich klar, auf welche Bereiche Sie Einfluss haben. Es ist sinnlos, Energie in einem Bereich, auf den Sie keinen Einfluss haben, einzusetzen. Zum Beispiel: Über das Wetter schimpfen, ändert es nicht. Stattdessen muss die geplante Fahrradtour bei Regen verschoben werden oder es wird entsprechende Kleidung gewählt.

Kraft einsetzen

Allerdings kann es durchaus sinnvoll sein, Energie in eine Sache mit bedingtem Einfluss zu investieren. Beispielsweise kann man für den Traumjob den Wohnort wechseln.

Ganz besonders hat es natürlich Sinn, Energie dort zu investieren, wo Sie Einfluss nehmen können: Eine ungeliebte Haarfarbe kann man zum Beispiel umfärben.

> **Beispiel:**
> Die Eltern wollen ihr fünfjähriges Kind unbedingt einschulen lassen. Sie und das Team haben die begründete Auffassung, das Kind sollte noch ein Jahr in der Kita bleiben.

Worauf haben Sie Einfluss? Sie können bei der Einschulung des Kindes nicht unmittelbar mitbestimmen; das entscheiden die Eltern (kein Einfluss für Sie). Sie können – und das sollten Sie auch tun, um Ihre Verantwortung wahrzunehmen – den Eltern Ihre Wahrnehmung bezüglich des Kindes in einem Elterngespräch mitteilen (bedingten Einfluss). Hier können Sie den Eltern durch Ihre fachliche Einschätzung des sozialen, kognitiven und motorischen Entwicklungsstands des Kindes Ihre Meinung zur Einschulung be-

gründet darlegen und damit evtl. Einfluss auf deren Entscheidung nehmen. Dann müssen Sie den Eltern die Entscheidung überlassen.

Nun ist es nicht immer ganz einfach zu erkennen, welche Dinge hinzunehmen und welche veränderbar sind. Mit etwas Übung gelingt dies nach und nach leichter. Hilfreich sind auch Gespräche mit Kolleginnen beim Orientieren und Zuordnen. Abgesehen vom privaten Bereich fühlen sich Erzieherinnen im Beruf gerne für alles verantwortlich und möchten das Beste für die Kinder in ihrer Gruppe. Dabei kann es passieren, dass sie sich für Bereiche verantwortlich fühlen, für die sie definitiv keine Verantwortung tragen (siehe das Beispiel zur Einschulung). Viele empfinden das Einordnen der Einflussbereiche und damit auch die Zuordnung der Verantwortung als Entlastung und Erleichterung. Sie erkennen, wo ihre Verantwortung beginnt und auch endet, und dadurch werden ihre Handlungen effizienter. Durchaus ist es manchmal auch schwer, diese Grenzen akzeptieren zu müssen. Das folgende Gelassenheitsgedicht verdeutlicht den Zwiespalt und die Schwierigkeit sehr schön:

Gott, gib mir die Gelassenheit, die Dinge hinzunehmen, die ich nicht ändern kann.
Den Mut, die Dinge zu ändern, die ich ändern kann.
Und die Weisheit, das eine vom anderen zu unterscheiden. (nach Reinhold Niebuhr)

Der Kreis des Einflusses (s. Seite 20) ermöglicht eine optische Darstellung der Ausführungen. Er kann (auch vergrößert) kopiert werden. Dann können Sie zu dem jeweiligen Fall Ihre Gedanken in die Kreise eintragen, indem Sie die Dinge, auf die Sie keinen Einfluss haben, in den äußeren Ring eintragen. Dinge, bei denen Sie der Meinung sind, dass Sie einen bedingten Einfluss haben, tragen Sie in den mittleren Ring ein. Alles, worauf Sie Einfluss nehmen können, schreiben Sie in den Kreis in der Mitte.

Auf diese Weise fällt Ihnen das Ordnen Ihrer Gedanken leichter und Sie kommen leichter zu einer Entscheidung, ob und wo die Kraft sinnvoll eingesetzt werden kann.

Übung 3:

Kopieren Sie den Kreis des Einflusses und tragen Sie in den jeweiligen Abschnitt drei Aussagen ein, die Ihrer privaten und/oder beruflichen Situation entsprechen.

innerer Ring: viel Einfluss,
mittlerer Ring: bedingten Einfluss,
äußerer Ring: keinen Einfluss

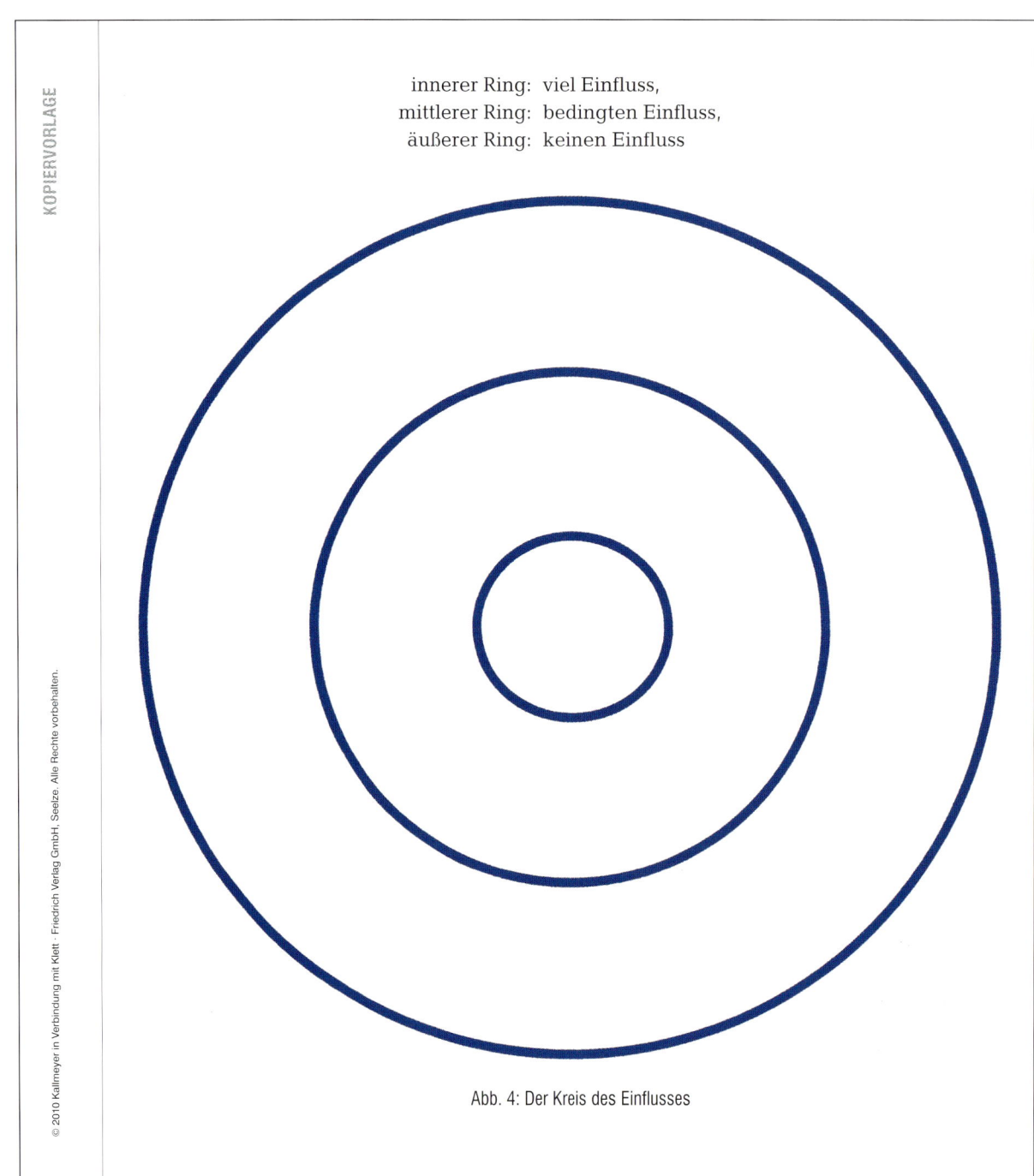

Abb. 4: Der Kreis des Einflusses

4. Familientypologien

Im Folgenden werden drei Familientypologien beschrieben. Diese Typologien sind nicht immer in der reinen Form zu finden. Es gibt Überschneidungen, oft hat der eine Typ auch etwas von dem anderen. Meistens liegt aber der Schwerpunkt doch in einem Bereich.

Um ein Gespräch möglichst gut vorbereiten zu können, ist es hilfreich, schon vorher zu überlegen, welcher Familientyp uns erwartet. So können Sie Reaktionen und Verhaltensweisen der Familienmitglieder einschätzen und sich auf ein entsprechendes Vorgehen im Gespräch vorbereiten.

4.1 Das instabile Familiensystem

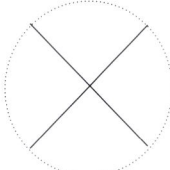

Abb. 5: *Instabiles Familiensystem:*
klare Grenzen innen, diffuse Grenzen nach außen

In einer instabilen Familie hat jeder sein eigenes Zimmer (hier hast du nichts zu suchen …). Die Türen sind zu, es gibt starr abgegrenzte persönliche Bereiche. Nach außen aber: stets offene Haustür, jeder kann reinkommen zu jeder Zeit, über „alles" wird „offen" geredet.

Bei einem Gespräch werden Sie als Gruppenleiterin zunächst das Gefühl haben, das Gespräch läuft gut. Mutter oder Vater erzählen freimütig, nach dem Motto: „Wir haben nichts zu verbergen." Diese Familie lädt Sie auch gern zu einem Gespräch oder Hausbesuch zu sich nach Hause ein. Allerdings wird innerlich von den Eltern eine klare Grenze gezogen, die nicht benannt wird. Sobald es um die wahren Hintergründe für die Verhaltensauffälligkeiten des Kindes geht, blockt die Familie ab.

Beispiel:
Familie Delta hat zwei Kinder, das erstgeborene Mädchen war in der Kita, geht inzwischen zur Schule. Zu dem Vater der Tochter gibt es keinen Kontakt. Das Mädchen zeigte einige Verhaltensauffälligkeiten und Entwicklungsrückstände. Der kleine Bruder geht – seitdem er drei Jahre alt ist – in die Kita und zeigt Auffälligkeiten in bestimmten Situationen und in der Sprache. Die Mutter ist mit dem Vater des Jungen verheiratet. Die Haustür der Familie ist jederzeit für jeden offen. Nachbarn, Freunde der Kinder sind jederzeit willkommen. Jedes Kind hat sein eigenes Zimmer. Die Familie wirkt sehr offen und jederzeit zu einem Gespräch bereit.

Das Gespräch wird oberflächlich bleiben. Sobald es um echte, eigene Gefühle geht, ziehen sich die Eltern zurück. Nach dem Motto: „Alles ist gut!"

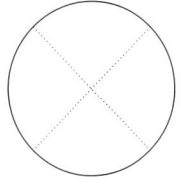
Oberflächliches Gespräch

4.2 Das pseudo-stabile Familiensystem

Abb. 6: *Pseudo-stabiles Familiensystem:*
diffuse Grenzen innen, klare, feste Grenze nach außen

In einer pseudo-stabilen Familie gibt es stets offene Zimmertüren, kaum eigene, persönliche, abgegrenzte Bereiche. Es trinken z. B. alle aus demselben Glas, schlafen nach Lust und Laune mal im eigenen, mal in Mamas Bett. Nach außen gibt es im Gegenzug keine oder wenig Öffnung, wenig intensive Kontakte, Außenstehende (z. B. Erzieherinnen) erhalten wenig Einblicke ins Familienleben („Das geht keinen was an …").

Beispiel:

In einer altersgemischten Halbtagsgruppe in einer Kita sind 20 Kinder. Familie Adam hat zwei Kinder in dieser Gruppe. Familie Bertram hat ebenfalls zwei Kinder in dieser Gruppe. Familie Adam und Familie Bertram sind eng befreundet. Oft bringen sie morgens ihre Kinder gemeinsam und holen sie mittags gemeinsam wieder ab. Manchmal kommt eine der beiden Mütter und holt alle vier Kinder ab. Bei der Begrüßung oder Verabschiedung werden alle Kinder von beiden Müttern gleich behandelt, alle werden mit einem Kuss auf den Mund verabschiedet. Es kann sein, dass Mutter Adam ein Kind der Familie Bertram auf dem Schoß hat und ihr eigenes Kind fängt an zu weinen.

Nun wäre es angemessen, dass Mutter Adam Kind Bertram absetzt und ihr eigenes Kind tröstet. Bei Familien mit der pseudo-stabilen Struktur behält Mutter Adam das Kind Bertram auf dem Schoß und Mutter Bertram geht zu Kind Adam und tröstet es.

Sie als Gruppenleiterin wissen natürlich, welche Kinder zu welcher Mutter gehören. Jemand von außen kann dies nicht eindeutig erkennen. Beim Betrachten des Umganges dieser Familien miteinander „fühlt" es sich merkwürdig an, es werden Grenzen überschritten, real bestehende Familienbeziehungen zwischen Mutter und Kind werden nicht eingehalten und freundschaftliche Beziehungen zwischen Mutter Adam und Kind Bertram werden wie verwandtschaftliche Beziehungen nach außen dargestellt.

Familien wirken offen

Für Elterngespräche bedeutet dies: Die Familien wirken offen und freimütig. Wenn Sie einen Termin für ein Elterngespräch abmachen wollen, werden diese Familien eher zurückweichen oder vorschlagen, man könne dies Gespräch doch ganz locker mit beiden Familien zusammen führen. Man habe schließlich keine Geheimnisse voreinander. Ein Gespräch in ihrer Wohnung lehnen sie eher ab, lieber kommen sie in die Kita. Es

ist schwer, etwas „Echtes" von diesen Familien zu erfahren. Die inneren Beziehungen jeder Familie werden nach außen abgeschirmt. Nach außen hin ist alles okay und es gibt keine Probleme. Die Kinder zeigen oft ein „grenzenloses" Verhalten: kuscheln mit jedem Erwachsenen, können schlecht Nein sagen, wirken unsicher.

4.3 Das stabile Familiensystem

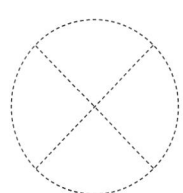

Abb. 7: Stabiles Familiensystem: Jeder hat seinen eigenen Bereich. Dieser ist zugeordnet und abgegrenzt, aber offen für die anderen, ebenso das Familiensystem nach außen. Jedes Subsystem kann mit den anderen adäquat umgehen.

In einer stabilen Familie hat jeder seinen eigenen Bereich. Dieser wird von den anderen Familienmitgliedern respektiert. Außenstehende (Freunde, Verwandte, Nachbarn usw.) haben angemessenen Zugang zur Familie.

Beispiel:

Familie Ypsilon hat zwei Töchter, die beide in die Kita kommen. In der Familie hat jeder seinen eigenen Bereich bzw. Zimmer. Wenn das Kind an den PC des Vaters möchte, fragt es vorher. Es gibt klare Absprachen, was die Kinder dürfen und was nicht. Idealerweise sind auch die Konsequenzen abgesprochen.

Fällt Ihnen als Erzieherin bei einem der Mädchen eine für Sie unerklärliche Änderung im Verhalten auf, sind die Eltern zu einem Gespräch bereit. In dem Gespräch können die Eltern sagen, ob dieses Verhalten auch zu Hause auftritt und Sie können gemeinsam mit den Eltern eine mögliche Ursache ermitteln. Anschließend können

Sie gemeinsam mit den Eltern unterstützende Maßnahmen für das Mädchen entwickeln und diese zusammen (Sie in der Kita und die Eltern entsprechend zu Hause) umsetzen.

ZUSAMMENFASSUNG

– In einer instabilen Familie sind die innerfamiliären Grenzen starr. Die Haustür steht aber jedem offen.
– In einer pseudo-stabilen Familie sind die innerfamiliären Grenzen aufgelöst. Die Haustür nach außen ist geschlossen.
– In einer stabilen Familie gibt es angemessene persönliche und gemeinsame Bereiche. Die Haustür steht Freunden offen.

Ü Übung 4:

Notieren Sie: Gehen Sie die Familien in Ihrer Gruppe in Gedanken durch. Ordnen Sie jeweils eine Familie in das pseudo-stabile, instabile und stabile Familiensystem ein.
Überlegen Sie: Woran haben Sie die Zuordnung festgemacht? Was resultiert aus der Zuordnung für Ihren pädagogischen Alltag?

Abb. 8: My Family on Blackboard

5. Kommunikationsmodelle

Ein Mensch kann nicht nicht kommunizieren

„Ein Mensch kann nicht nicht kommunizieren" (Paul Watzlawick). Was heißt das? Auch ein Mensch, der nicht spricht, teilt seiner Umgebung (nonverbal) etwas mit. Zum Beispiel sitzen Sie in der Straßenbahn neben einem Mann, der die ganze Zeit auf seine zusammengepressten Hände starrt. Dieser Mann spricht nicht, aber er teilt Ihnen trotzdem etwas mit: Er möchte in Ruhe gelassen werden, er ist offensichtlich angespannt, vielleicht steht er unter Druck, vielleicht hat er Angst. Da wir sein Verhalten nur interpretieren (Angst, unter Druck stehen) können, ist die Gefahr der Missverständnisse groß.

Die ganz eigene Geschichte

Jeder Mensch kommuniziert immer als Ganzes, d.h, wir alle sprechen mit unserem ganzen Wesen, mit unserem ganzen Körper. Wenn wir sprechen, äußern wir die Worte mit unserer Stimme. Gleichzeitig teilen wir unsere Gefühle durch unsere Körperhaltung, dem Gesichtsausdruck, mit Händen, Atem und Stimmlage mit. Der Mensch kann – bewusst oder unbewusst – mit Worten lügen. Der Körper lügt nicht. Deshalb ist es wichtig, immer auch auf die Körpersprache zu achten, um eventuelle Diskrepanzen aufgreifen zu können.

Jeder Mensch hat seine ganz eigene Geschichte. Er hat verschiedenste Erfahrungen in seiner Kindheit und in seinem ganzen bisherigen Leben gesammelt. Vieles davon ist uns nicht mittelbar bewusst. Wir sind eben, wie wir sind. Unsere Erfahrungen wirken sich natürlich auch auf unser Gesprächsverhalten aus. In Familien herrschen die unterschiedlichsten Kommunikationsregeln. Manche sind offen ausgesprochen, manche sind stille (heimliche Verträge), unausgesprochene Regeln, an die sich alle halten. So funktioniert das Familiensystem.

Jeder hat seine eigene Art, mit seinen Mitmenschen zu sprechen oder auch nicht zu sprechen. Jeder hat Themen, die er/sie nicht gerne anspricht. Sie selbst haben Verhaltensweisen Ihres Gegenübers erlebt, die Sie aus dem Konzept bringen, Sie aufregen oder Sie in die Defensive katapultieren. Und auch diese gilt es zu kennen, damit Sie nicht in eine für den Gesprächsverlauf negative Kommunikationshaltung geraten, sich evtl. auf die persönliche Ebene begeben, sondern in einer professionellen und unterstützenden Haltung bleiben können.

Besonders für schwierigere Gespräche und Konfliktgespräche ist es wichtig, sich selbst über seine eigenen Verhaltens- und Kommunikationsformen im Klaren zu sein. Wer sich nicht mit seiner eigenen Geschichte auseinandersetzt, läuft große Gefahr, in eine der diversen Kommunikationsfallen zu tappen. Dies ist auf jeden Fall hinderlich für einen guten Gesprächsverlauf.

 Übung 5:

Erinnern Sie sich an zwei verschiedene Gespräche, z.B. Elterngespräche. Schreiben Sie spontan zu jedem Gespräch drei Stichpunkte auf. Ordnen Sie die Gespräche zu: gut gelaufen und nicht so gut gelaufen. Überlegen Sie, was haben Sie in dem „guten" Gespräch als besonders angenehm empfunden? Und: Was hat Sie bei dem „nicht so guten" Gespräch aus dem Konzept gebracht? Können Sie sich erinnern, wann/wodurch das Gespräch eine evtl. negative Wendung genommen hat?

5.1 Kommunikationsmuster nach Virginia Satir

Menschen, die kongruent kommunizieren, sind mit sich im Reinen, haben keinen Stress. Menschen, die sich unsicher oder angegriffen fühlen oder deren Gegenüber abwertend mit ihnen spricht, haben weniger Selbstwertgefühl. Sie geraten unter Stress. Oft fallen Menschen dann in kindliche, unbewusste Verhaltensmuster zurück.

Unter Stress handeln wir nicht so, wie wir es tun, wenn wir entspannt sind. Stress kommt auf, wenn wir Angst haben, nicht das zu bekommen, was wir brauchen, und wenn das Selbstwertgefühl niedrig ist. Um eine empfundene Bedrohung abzuwehren, benutzen wir im Wesentlichen vier Verhaltensmuster: Beschwichtigen, Anklagen, Rationalisieren und Ablenken.

Es ist wichtig, sich vor einem Gespräch über seine eigenen Verhaltens- und Kommunikationsmuster im Klaren zu sein. Sind Sie sich Ihrer Muster nicht bewusst, passiert es leicht, dass Sie in einem Gespräch „auf dem falschen Fuß" erwischt werden. Sie reagieren unbewusst in Ihrem vorrangigen Muster und können dann das Gespräch nicht mehr mit professioneller Haltung weiterführen. Bei unserem Gesprächspartner beobachten wir sämtliche Verhaltensweisen: Worte, Gesichtsausdruck, Körperhaltung, Muskelspannung, Atemgeschwindigkeit, Klang der Stimme.

Mit Kenntnis dieser Verhaltens- und Kommunikationsmuster (beschwichtigend, anklagend, rationalisierend, ablenkend) können Sie sich die jeweiligen Vorzüge eines Musters zu nutze machen. Sie können z.B. einen „Rationalisierer" mit einer Recherche beauftragen oder einen „Ablenker" nutzen, um eine Situation zu entspannen. Damit lenken Sie das Gespräch in eine positive Richtung und nutzen die Ressourcen der Familie.

> **Ü** **Übung 6:**
>
> Denken Sie an verschiedene Menschen. Mit welchen Menschen fällt Ihnen ein Gespräch leicht, bei welchen Menschen können Sie gut Kritik anbringen und annehmen. Bei welchen Menschen fühlen Sie sich unsicher, unter Druck gesetzt. Was machen diese Menschen im Gespräch anders als die Ihnen angenehmeren?

Zur näheren Betrachtung dient uns im Folgenden das Morgenkreis-Beispiel vom Anfang als typische Situation der Praxis, das wir deshalb an dieser Stelle noch einmal wiederholen:

> **Beispiel:**
>
> Sie sitzen mit den Kindern bereits im Morgenkreis. Eine Mutter platzt einfach in die Gruppe und legt los: „Ich habe Ihnen schon so oft gesagt, dass Max nicht ohne Schal raus darf! Gestern war er wieder ohne draußen. Das geht so nicht! Wie oft muss ich das denn noch sagen?"

5.1.1 Kongruentes Kommunikationsverhalten

Die Kommunikation verläuft optimal, wenn beide Gesprächspartner kongruent kommunizieren. Ein Mensch, der selbstbewusst ist und sich sicher fühlt, kann kongruent kommunizieren. Er ist in der Lage, seine echten Gefühle zu äußern. Dabei stimmen Aussage und Körpersprache überein. Der Kontakt ist angenehm. Sie werden nicht verletzend, reden nicht abwertend und haben eine wertschätzende, annehmende Ausstrahlung. Sie fühlen sich nicht in ihrem Selbstwert bedroht und müssen deshalb auch ihr Gegenüber nicht bedrohen. Sie sind offen und in der Lage, angemessene Kritik anzunehmen. Sie können Kritik freundlich und adäquat, ohne die Person zu verletzen oder anzugreifen, äußern. Das Gespräch verläuft entspannt. Auch schwierige oder strittige Themen können angemessen diskutiert werden. Die Gesprächspartner sind sich ihrer Kommunikationsebenen (F. Schulz von Thun, siehe Kapitel 5.2) bewusst. Sachliche Inhalte werden auf der Sachebene besprochen, ohne unterschwellig einen Appell oder eine Beziehungsbotschaft zu senden. Appelle oder Beziehungsaussagen werden deutlich als solche benannt. Jeder spricht mit Ich-Botschaften (siehe auch Kapitel 12), sodass der Gesprächspartner nicht angegriffen wird. Meinungen können ausgetauscht werden und verschiedene Standpunkte können gleichwertig stehen gelassen werden. Es ist nicht notwendig, am Ende des Gespräches einer Meinung zu sein. Eine Erzieherin kommuniziert idealerweise in dieser Kommunikationsform.

5.1.2 Beschwichtigendes Kommunikationsverhalten

Menschen, die unter Stress beschwichtigend reagieren, versuchen sich einzuschmeicheln. Sie versuchen zu gefallen, entschuldigen sich ständig. Sie missachten ihr eigenes Gefühl. Es sind die „Jasager". Sie fühlen sich jedem zu Dank verpflichtet und benehmen sich unterwürfig. Sie wollen auf jeden Fall verhindern, dass ihr Gegenüber wütend wird. Die Stimme ist weinerlich, sie scheuen den Blickkontakt, schauen nach unten, wirken unsicher, die Stimmung ist oft unangenehm.

▸ *Ziel:* die andere Person nicht zu ärgern.
▸ *Botschaften:* zum Beispiel: „Was immer du willst, ist in Ordnung. Ich existiere nur, um dich glücklich zu machen. Ich tue alles für dich" (Grundstimmung).
▸ *Körperhaltung:* versöhnlich bis hin zu hilflos. Opferhaltung.
▸ *Gedanken:* Ich bin nichts wert ohne dich. Ich brauche dich. Ich bin wertlos.
▸ *Vorzüge, Ansatzmöglichkeiten:* sind ruhig (unterdrückt), einfühlsam, belastbar, greifen nicht an.

Die Abbildung 9 verdeutlicht die Haltung des Beschwichtigers.

Betrachten wir dazu jetzt das Beispiel von der in den Morgenkreis hineinplatzenden Mutter (siehe Seite 25): Die Mutter klagt die Erzieherin an. Sie macht ihr Vorwürfe und sieht den Fehler ausschließlich bei der Erzieherin. Wenn die Erzieherin vorwiegend beschwichtigend kommuniziert, gibt sie der Mutter uneingeschränkt recht: „Ja natürlich Frau Lange, Sie haben ja

Abb. 9: Der Beschwichtiger

völlig recht! Es tut mir so leid! Ich bin aber auch vergesslich. Natürlich achte ich ab jetzt immer darauf, dass Max einen Schal umhat. Entschuldigen Sie bitte vielmals."

Im Gespräch mit beschwichtigenden Eltern

Treffen Sie im Elterngespräch auf einen beschwichtigenden Elternteil, nutzen Sie dies vorzugsweise, indem Sie zunächst durch positive Verstärkung (z.B.: „Toll, dass Sie sich die Zeit für unser Gespräch genommen haben.", „Ich sehe, dass Sie sich sehr um Ihr Kind kümmern") das Selbstwertgefühl aufbauen. Geben Sie angemessene Aufgaben, z.B. eine Logopädin zu finden, Termine zu machen. Es ist wichtig, sensibel zu sein und keine Überforderung zu stellen, denn die Beschwichtiger sagen nicht Nein, auch wenn Sie den Aufgaben nicht gewachsen sind. Ihr großes Ziel ist es, es Ihnen recht zu machen. Leicht gerät man in die Versuchung, solche Persönlichkeiten auszunutzen, weil es einfach scheint, ihnen Aufgaben zu übertragen, da sie selten ablehnen.

5.1.3 Anklagendes Kommunikationsverhalten

Menschen, die unter Stress anklagend reagieren, suchen ständig nach Fehlern beim anderen. Sie haben Angst, dass jemand ihre eigenen Schwächen bemerken könnte. Die Stimme ist laut und vorwurfsvoll. Sie greifen in der Hoffnung an, ihr Gegenüber niedermachen und schwächen zu können. So können sie sich stark fühlen. Der Blick ist abfällig bis herausfordernd.

- *Ziel*: von der anderen Person als stark angesehen werden.
- *Botschaften:* z. B. „Was ist los mit Ihnen? Ich bin der Chef. Ich habe recht!" (Grundstimmung).
- *Körperhaltung:* anklagend, fordernd, vorgebeugt, ausgestreckter Zeigefinger.
- *Gedanken:* Ich fühle mich erfolglos und habe Angst, dass dies jemand merkt.
- *Vorzüge, Ansatzmöglichkeiten*: sehen viel, (besonders Schwachstellen bei anderen), sind mutig, gehen nach vorn, sind aktiv, man hört sie, sie sprechen etwas an.

Die Abbildung 10 verdeutlicht die Haltung des Anklägers.
Wieder zurück zu unserem Beispiel (siehe Seite 25): Die Mutter klagt die Erzieherin an. Sie macht ihr Vorwürfe und sieht den Fehler ausschließlich bei der Erzieherin. Kommuniziert die Erzieherin vorwiegend ebenfalls anklagend, wird sie die Vorwürfe zurückweisen und den Fehler bei der Mutter suchen. „Was fällt Ihnen ein, mir die Schuld dafür zu geben. Sie müssen

Abb. 10: Der Ankläger

Max beibringen, was er anziehen soll. Ich habe 20 Kinder zu betreuen, ich kann nicht für jeden Sonderwünsche erfüllen."

Im Gespräch mit anklagenden Eltern

Die Ausführungen des Anklägers nutzen Sie vorzugsweise, indem Sie ihn nach seinen Beobachtungen oder Wahrnehmungen zu dem Thema fragen und diese lobend kommentieren: „Es ist beeindruckend, wie detailliert Sie die Situation beschreiben können!" Binden Sie diese Menschen also in die Problemlösung mit ein, Sie entwickeln Lösungsstrategien und verfolgen deren Umsetzung. Verstärken Sie den Ankläger auf keinen Fall, indem Sie ihn ermuntern, sich zur Wehr zu setzen oder seine eigene Meinung durchzusetzen. Sie entschärfen Gesprächssituationen, indem Sie seine Worte nicht persönlich nehmen und positiv umformulieren: „Das ist ein guter Hinweis, ich werde es im Hinterkopf behalten."

5.1.4 Rationalisierendes Kommunikationsverhalten

Menschen, die unter Stress rationalisierend reagieren, sind sehr korrekt und übervernünftig. Sie zeigen kaum Gefühle und wirken beherrscht. Die Stimme klingt monoton, sachlich kühl, sie reden abstrakt und in langen, erklärenden Sätzen.

- ▸ *Ziel*: Seinen/Ihren Selbstwert durch große Worte zu festigen.
- ▸ *Botschaften:* z.B.: „Das ist überaus vernünftig." „Ich bin der Experte." (Grundstimmung).
- ▸ *Körperhaltung:* unbewegt, gespannt; ich bin ruhig, kühl und gesammelt.
- ▸ *Gedanken:* Ich habe Angst, mich Ihnen auszuliefern.
- ▸ *Vorzüge, Ansatzmöglichkeiten:* sachlich, belesen, zitieren, haben Ordnung, voraussagbar, verlässlich.

Die Abbildung 11 verdeutlicht die Haltung des Rationalisierers.

Schauen wir jetzt wieder unser Beispiel (Seite 25) unter dieser Voraussetzung an, dass die Erzieherin vorwiegend rationalisierend kommuniziert, wird sie der Mutter ausführlich die Situation erklären. Sie bleibt ruhig und sachlich. „Frau Lange, es stimmt, dass Max gestern ohne Schal draußen war. Aber sehen Sie, ich arbeite schon sehr lange in der Kita und weiß, wann die Außentemperatur es erfordert, dass die Kinder einen Schal umbinden müssen. Gestern war dies eindeutig nicht der Fall. Wenn Max bei warmem Wetter einen Schal trägt, schwitzt er und bindet sich den Schal ab. Er ist überhitzt

Abb. 11: Der Rationalisierer

und kühlt schnell aus und die Folge ist dann eine Erkältung."

Im Gespräch mit rationalisierenden Eltern

Mit Hilfe der Rationalisierer können Sie emotionale Themen auf eine sachlichere Ebene bringen. „Bitte schildern Sie uns, wie Sie die Situation erlebt haben. Geht es Ihnen damit genauso wie Ihrem Mann/Ihrer Frau?" Lesen Sie zwischen den Zeilen des Gesagten, denn Rationalisierer zeigen ihre Gefühlswelt nicht. Sie als Erzieherin können aus dem Handeln und dem, was sie erzählen, Rückschlüsse auf die dahinter verborgenen Gefühle ziehen. Bieten Sie Ihre Wahrnehmungen unbedingt als Frage an. „Ich habe den Eindruck, Sie kümmern sich sehr um Ihren Sohn, weil Sie sich extra einen Tag freigenommen haben, um an diesem Gespräch teilzunehmen. Stimmt das?"

Rufen Sie das jeweilige Fachwissen ab oder beauftragen Sie ihn damit, Informationen zu einem bestimmten Thema für den nächsten Termin einzuholen. Lassen Sie ihn ggf. die Termine bei anderen unterstützenden Institutionen machen.

5.1.5. Ablenkendes Kommunikationsverhalten

Menschen, die unter Stress ablenkend reagieren, befassen sich nicht mit dem Thema, um welches es gerade geht. Sie reden einfach von etwas anderem. Sie vermeiden konkrete Aussagen, weichen aus. Sie halten nur kurz Blickkontakt. Die Stimme ist wie ein Singsang und klingt „abwesend".

▸ *Ziel:* Ignorieren der Bedrohung, die diese Situation und die andere Person für mich hat – so tun, als ob gar nichts wäre, vielleicht geht die Bedrohung dann vorbei.
▸ *Botschaften:* sind ohne Beziehung, klaglos. Alles haarscharf am Thema vorbei (Grundstimmung).
▸ *Körperhaltung:* eckige Bewegungen, Verschiedenes auf einmal tun, eher nervös.
▸ *Gedanken:* Ich bin nicht interessiert. Ich bin nicht sicher, ob ich mich auf dich verlassen kann.
▸ *Vorzüge, Ansatzmöglichkeiten:* bunt, stimmungsvoll, kreativ.

Die Abbildung 12 verdeutlicht die Haltung des Ablenkers.
Kommuniziert die Erzieherin im Morgenkreis-Beispiel (Seite 25) vorwiegend ablenkend, geht sie weder auf die Tatsache, dass Max ohne Schal draußen war, noch auf den Vorwurf der Mutter ein. „Schönen guten Morgen Frau Lange! Da ist ja der Max. Schön, dass du da bist, Max! Komm, setz dich zu uns. Wir machen gerade den Morgenkreis, gleich singen wir unser Begrüßungslied. Holen Sie Max wie immer um 12.00 Uhr ab, Frau Lange?"

Abb. 12: Die Haltung des Ablenkers

Im Elterngespräch mit ablenkend kommunizierenden Eltern

Behalten Sie als Gesprächsführerin das Thema im Blick. Der Ablenker muss immer wieder auf das Thema zurückgeführt werden: „Das, was Sie erzählen, ist wirklich interessant. Ich möchte bezogen auf unser heutiges Thema noch unbedingt von Ihnen wissen, was genau Sie zu Ihrem Sohn gesagt haben, nachdem er nicht auf Sie gehört hat." Nutzen Sie die Kreativität, indem Sie ihn aktiv bei der Lösung einbeziehen. „Wenn Sie das hören, was fällt Ihnen spontan ein, was Ihrem Kind helfen könnte?"

Die Ablenker sind schwer „zu fassen". Nutzen Sie dieses Verhalten, um von dem Problem etwas Distanz zu bekommen und einen anderen Blick zu ermöglichen: „Für Sie scheint das alles gar nicht schlimm zu sein, wie sehen Sie die Situation?"

Übung 7:

Suchen Sie sich ein Kommunikationsmuster aus, nehmen Sie die entsprechende körperliche Haltung ein, bleiben Sie darin und spüren Sie, wie die körperliche Haltung sich auf Ihre Verfassung auswirkt. Sprechen Sie in dieser Rolle einige Sätze. Wechseln Sie die Kommunikationshaltungen. Welche kommt Ihrer eigenen Kommunikationsform am nächsten?

Haben Sie einen Übungspartner? Nehmen Sie nacheinander unterschiedliche Haltungen ein, sprechen Sie einige Sätze mit der entsprechenden Betonung. Gehen Sie alle Muster durch. Überprüfen Sie: In welcher Haltung fühlen Sie sich am wohlsten und mit welchem Gegenüber haben Sie die wenigsten Schwierigkeiten? Bei welchem Muster fällt es Ihnen schwer, gelassen zu bleiben?

ZUSAMMENFASSUNG

– Jeder Mensch bringt seine ganze Geschichte in die Beziehung mit ein.
– Jeder Mensch kommuniziert mit seinem gesamten Wesen, mit seinem ganzen Körper.
– Ein Mensch kann nicht nicht kommunizieren.
– Ein Mensch, der nicht kongruent ist, steht unter Stress und agiert in einem der vier Muster.
– Nutzen Sie die Vorzüge der jeweiligen Kommunikationsform.
– Bei einer kongruenten Kommunikation sind Worte, Tonfall und Körpersprache stimmig.

5.2 Das Interaktionsmodell nach Friedemann Schulz v. Thun

Kommunikation und Missverständnisse

Kommunikation ist die Ursache aller Missverständnisse und gleichzeitig die einzige Möglichkeit, diese zu beseitigen.

Die Kommunikation zwischen den Menschen läuft nicht immer reibungslos. Es kommt zu Missverständnissen oder auch Streitereien. Zur Kommunikation gehören immer zwei Personen: eine, die etwas mitteilen will (Sender), und eine, die die Mitteilung empfängt (Empfänger). Nun hat jede Aussage mehrere Anteile: Neben den gesprochenen Worten spielt die gesamte Körpersprache und der Tonfall eine wichtige Rolle. Widersprechen sich Körpersprache und gesprochene Worte, wird die Botschaft zweideutig. Friedemann Schulz von Thun hat 1977 ein „Kommunikationsquadrat" entwickelt (Schulz v. Thun 1998, Seite 30) Darin macht er deutlich, dass jede Botschaft vier Aspekte hat: einen Sachinhalt, eine Appellebene, eine Beziehungsebene und eine Selbstoffenbarung. Diese vier Aspekte betreffen sowohl den Sender als auch den Empfänger einer Nachricht.

5.2.1 Der Sender einer Botschaft

Der Sender (Sprecher) ist verantwortlich für das, was bei dem Empfänger (Hörer) ankommt. Durch Rückfragen kann man ermitteln, ob der Empfänger das verstanden hat, was der Sender sagen wollte. Dies ist sehr wichtig bei einem Elterngespräch, um Fehlinterpretationen und falsche Schlussfolgerungen zu vermeiden.

Die vier Aspekte einer Nachricht:

▶ *Sachinhalt* ist das, was der Sender dem Empfänger mitteilen will, worüber er informiert.

Beispiel:

Eine Frau sagt zu ihrem Mann: „Geh du ruhig zum Fußball!" Von der Betonung hängt ab, was sie wirklich meint. Freundlich und mit wohlwollendem Lächeln gesagt, sind die Worte ernst gemeint. Mit einem zusammengekniffenen Mund und gezischt, sagen die Worte zwar das Gleiche, aber der Tonfall und der Gesichtsausdruck sagen: „Wage es ja nicht, zum Fußball zu gehen!"

Abb. 13: Die vier Seiten der Nachricht

▸ *Appell* meint das, was der Sender mit der Information beim Empfänger erreichen will. Er will den Empfänger zu einem bestimmten Verhalten, Denken, Handeln bringen.

▸ *Beziehungsaussage* ist die Deutung der Beziehung zwischen Sender und Empfänger. Auf dieser Ebene teilt der Sender mit, in welcher Beziehung die Gesprächspartner zueinander stehen und was er von ihm hält. Die Beziehungsaussage kann eine Sachnachricht überlagern, sodass die Sachinformation nicht mehr zum Tragen kommt bzw. vom Empfänger nicht mehr gehört werden kann.

▸ *Selbstoffenbarung:* In jeder Aussage stecken auch Informationen des Senders über sich selbst. Er teilt – bewusst und/oder unbewusst – etwas über sich selbst mit. Dieser Aspekt der Nachricht ist psychologisch besonders interessant.

Auch hierbei lohnt das Morgenkreis-Beispiel (Seite 25) eine nähere Betrachtung. Untersuchen wir es mit Hilfe dieser Kriterien, ergibt sich folgendes Bild:

▸ *Sachinhalt:* Die Mutter teilt der Erzieherin die sachliche Information mit, dass Max gestern ohne Schal draußen war. („Max war ohne Schal draußen!")

▸ *Appell:* Die Mutter fordert die Erzieherin auf, Max jeden Tag einen Schal umzubinden. Außerdem fordert sie eine Erklärung, warum

---

Beispiel:

Ein Ehepaar sitzt im Auto. Er fährt. Sie sagt: „Die Ampel da vorn ist rot."

▸ *Sachinhalt:* Die Ampel ist rot.

▸ *Appell:* Du musst anhalten.

▸ *Beziehungsaussage:* Ich traue dir nicht zu, umsichtig Auto zu fahren. Ich definiere unsere Beziehung so, dass ich dich darauf hinweise. (Säße sie neben ihrem Chef, hätte sie eventuell geschwiegen.)

▸ *Selbstoffenbarung:* Ich bemerke, wie du fährst. Ich habe Angst, dass du nicht bremst, das ist mir auch schon passiert.

---

die Erzieherin Max keinen Schal umbindet. („Binden Sie Max einen Schal um. Warum denken Sie nicht daran?")

▸ *Beziehungsaussage:* Die Mutter teilt der Erzieherin mit, dass sie sie für ungeeignet hält, die Kinder dem Wetter angemessen anzuziehen, und dass sie sie als unachtsam und wenig verantwortungsbewusst ansieht. Außerdem definiert die Mutter ihre Beziehung so, dass sie die Erzieherin im Morgenkreis stören und vor

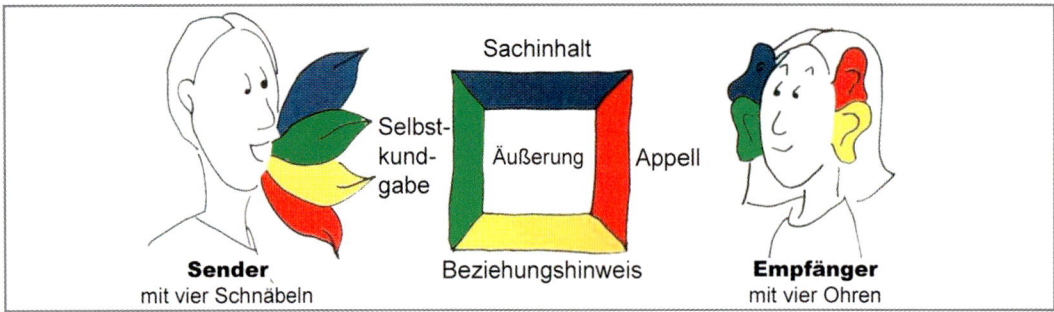

Abb. 14: Das Kommunikationsquadrat

allen Kindern zurechtweisen darf. („Sie können mein Kind nicht angemessen anziehen. Ich werfe Ihnen Unachtsamkeit vor.")

▸ *Selbstoffenbarung:* Die Mutter teilt der Erzieherin ihre Sorge um ihr Kind mit. Sie hat Angst, dass Max krank werden könnte und sie dann nicht zur Arbeit gehen kann. Evtl. hat sie auch die Sorge, dass die Erzieherin Max insgesamt nicht genügend im Blick hat („Ich mache mir Sorgen um Max.")

Im Elterngespräch

Verantwortung des Senders

Als Senderin einer Botschaft ist die Erzieherin dafür verantwortlich, was bei den Eltern ankommt. Sie sollte wissen, auf welcher Ebene sie vorrangig kommuniziert. Für ein effektives Elterngespräch kann es notwendig werden, bewusst auf eine andere Ebene zu gehen. Zum Beispiel: Die Erzieherin selbst spricht hauptsächlich auf der Selbstoffenbarungsebene. Das Elterngespräch soll vorrangig ein sachlicher Austausch von Informationen werden. Dann ist es notwendig, dass beide Seiten auf der Sachebene kommunizieren. Unterschwellige Selbstoffenbarungen oder Appelle gehören hier nicht hin.

Es ist wichtig, dass Sie auf die Körpersprache (z. B. Arme verschränken, weil Sie sich angegriffen fühlen usw.) und die Reaktion der Eltern (z. B. Antworten geben, die nicht dem von Ihnen gemeinten Sinn Ihrer Frage entsprechen) achten und entsprechend reagieren. Haben Sie den Eindruck,

die Eltern haben evtl. etwas anderes gehört, als Sie gesagt haben, ist es wichtig, dass Sie nachfragen. Zum Beispiel: „Ich habe den Eindruck, ich habe mich missverständlich ausgedrückt. Können Sie mir bitte, sagen, wie Sie das eben Gesagte verstanden haben?" „Ich habe gemeint, dass… Haben Sie das auch so verstanden?"

Sprechen Sie einen Appell aus, dann deklarieren Sie diesen deutlich: „Ich möchte, dass Sie Ihrem Kind keine Süßigkeiten zum Frühstück mitgeben."

Möchten Sie etwas auf der Beziehungsebene klären, formulieren Sie z. B.: „Ich habe den Eindruck, Sie vertrauen mir in diesem Zusammenhang nicht", „Ich möchte nicht, dass Sie den Morgenkreis stören", „Wenn Sie später kommen, warten Sie bitte vor dem Gruppenraum, bis wir fertig sind und die Tür öffnen".

Auf der Selbstoffenbarungsebene können Sie beispielsweise das Gemeinschaftsgefühl verstärken, indem Sie sagen: „Ich sehe, Sie machen sich Sorgen um Tobias, das tue ich auch. Deshalb wollte ich so gern einmal mit Ihnen darüber reden."

5.2.2 Der Empfänger einer Botschaft

So, wie der Sender auf diesen vier Ebenen sendet, hört der Empfänger auf diesen „vier Ohren"!

▸ *Sachohr:* Einige Empfänger hören überwiegend auf dem Sachohr und versuchen Auseinandersetzungen auf der sachlichen Ebene

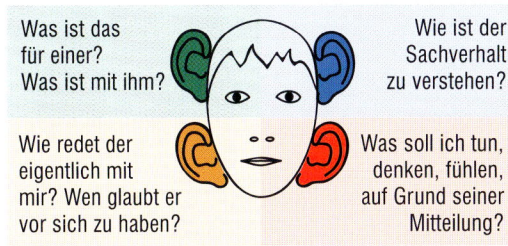

Abb. 15: Der vierohrige Empfänger

zu führen. Dabei werden die anderen Aspekte einer Nachricht ausgeblendet. Dies funktioniert so lange, wie das Problem nicht auf der zwischenmenschlichen Beziehungsebene liegt. Vorzüge: Der Hörer ist eher sachlich, neutral, ergebnisorientiert, objektiv und unempfindlich.

▸ *Appellohr:* Manche Hörer reagieren überwiegend auf dem Appellohr. Sie wollen es allen recht machen, „hören" auch unausgesprochene Wünsche und sind wenig bei sich selbst. Sie reagieren vorschnell, versuchen, sofort Lösungen umzusetzen, ohne Rücksicht darauf, ob diese Lösungen überhaupt gewünscht sind. Vorzüge: Dieser Empfänger ist hilfsbereit, lösungsorientiert und zuvorkommend.

▸ *Beziehungsohr:* Einige Menschen nehmen jede Aussage persönlich, fühlen sich leicht angegriffen. Sie weichen der sachlichen Auseinandersetzung aus und gehen schnell auf die Beziehungsebene. Vorzüge: Dieser Hörer ist menschlich, feinfühlig, kann zwischen den Zeilen lesen und ist sensibel.

▸ *Selbstoffenbarungsohr:* Andere Personen empfangen Nachrichten eher auf der Selbstoffenbarungsebene. Dies ist psychisch gesünder, als auf der reinen Beziehungsebene zu hören. Hier wird darauf geachtet, was der Sprecher über sich selbst aussagt, statt die Aussage persönlich zu nehmen. Vorzüge: Diese Menschen sind einfühlsam, verständnisvoll und können gut zuhören.

Bezogen auf das Morgenkreis-Beispiel kann die Erzieherin Folgendes hören:

▸ *Sachohr:* Die Erzieherin hört, dass Max ohne Schal draußen war. Ihre Reaktion bleibt auf der sachlichen Ebene: „Hat Max sich erkältet?"

▸ *Appellohr:* Die Erzieherin hört, dass Max jeden Tag einen Schal umbinden soll. Ihre Antwort folgt auf den Appell: „Ich werde ab jetzt darauf achten, dass Max jeden Tag einen Schal umbindet."

▸ *Beziehungsohr:* Die Erzieherin hört, dass die Mutter sie für unachtsam und unfähig hält. Sie reagiert auf der Beziehungsebene: „Ich kann mich nicht um alles kümmern."

▸ *Selbstoffenbarung:* Erzieherin hört, dass die Mutter sich Sorgen macht und reagiert darauf: „Sie machen sich Sorgen um Max. Aber so leicht wird er nicht krank." Sie ignoriert aber, dass sie selbst einen Fehler gemacht haben könnte.

Im Elterngespräch

Als Empfängerin einer Botschaft ist die Erzieherin gefordert, sich selbst gut zu reflektieren. Unabdingbare Vorraussetzung hierfür ist, dass sie weiß, auf welchem Ohr sie selbst vorrangig hört, bzw. reagiert. Außerdem muss sie heraushören, auf welcher Ebene die Elternteile senden. Nur, wenn diese beiden – oftmals unterschiedlichen – Ebenen klar sind, ist eine Erzieherin in der Lage, das Gespräch erfolgreich zu leiten. So kann sie in jedem Fall durch Nachfragen und offenes Interpretieren Missverständnissen vorbeugen und den Eltern annehmend und wertschätzend begegnen. Sie lässt sich nicht durch unterschwellige Appelle oder Beziehungsaussagen provozieren, sondern spricht an, was sie wahrnimmt. Dies kann man durchaus auch ggf. schmunzelnd mit Humor tun. Zum Beispiel: „Höre ich da gerade den Appell, Ihrem Kind immer einen Schal umzubinden?!" Oder ernsthaft nachfragen: „ Möchten Sie, dass ich Ihrem Kind jeden Tag einen Schal umbinde?"

Selbstreflexion

33

Hört die Erzieherin die Selbstoffenbarungsebene heraus, kann Sie statt eines Vorwurfes
die Sorge der Eltern wahrnehmen und ausdrü-
cken: „Ich höre daraus, dass Sie sich Sorgen um
Ihr Kind machen, ist das richtig?"

Wird ein Gespräch überwiegend auf der Sach-
ebene geführt und Sie wollen die Gefühle der
Familie zu dem Themen kennenlernen, können
Sie das Gespräch auf die Selbstoffenbarungs-
ebene bringen. Beispielsweise „Ich denke, die
Sachlage ist nun allen klar. Da sind wir uns einig.
Mich interessiert, wie es Ihnen mit diesem The-
ma gefühlsmäßig geht. Ist es eine Belastung für
Sie?" Oder: „Ich mache mir diesbezüglich Sor-
gen um Marcel. Wie empfinden Sie das?"

Fühlen Sie sich auf der Beziehungsebene
angegriffen, überprüfen Sie, ob die Eltern das
wirklich gemeint haben, oder ob Sie die Worte aus anderen Situationen (Beispielsweise aus
Ihrer Kindheit: Hat Ihr Vater/Mutter oder Opa/
Oma vielleicht so mit Ihnen gesprochen?) kennen und Sie deshalb emotional reagieren.

behalten wird. Finden Sie heraus, auf welchem
Ohr Ihr Gesprächspartner überwiegend hört,
und nutzen Sie die Vorzüge dieses „Ohres".

Beispiel:

Ein frisch verliebtes Pärchen sitzt auf der Couch. Sie
sagt „Mir ist kalt." Er springt auf und schließt das
Fenster. Sie reagiert enttäuscht und wendet sich ab.

Auf der *Sachebene* hat sie ihm mitgeteilt, dass
ihr kalt ist.
Auf der *Beziehungsebene* hat sie gewollt, dass
er sich um sie kümmert.
Auf der *Appellebene* meinte sie: „Nimm mich
in den Arm."
Auf der *Selbstoffenbarungsebene* sagt sie aus:
„Ich fühl mich nicht genug umsorgt."
Er hat auf dem Appellohr gehört, sofort eine Lösung gefunden und ist von ihrer Abwendung
völlig irritiert.

Übung 8:

Denken Sie an alltägliche Situationen, z.B. in
ihrer Familie oder im Kita-Alltag: Auf welchem
Ohr hören bzw. reagieren Sie selbst besonders
stark? Auf welchem Ohr hören Sie kaum?

Übung 9:

Formulieren Sie für jeden der vier Aspekte eine
Aussage zu den folgenden Sätzen:
▸ „Du bist schlank geworden!"
▸ „Oh, du hast eine neue Brille!"
▸ „Du bist spät dran."

Wichtig ist:

Wir müssen genau nachfragen, wie etwas gemeint ist und auf keinen Fall unreflektiert reagieren oder interpretieren. Sie können nachfragen: „Ich habe das so verstanden, dass…",
„Haben Sie damit gemeint, dass…" Auch müssen wir immer überprüfen, auf welchem Ohr
wir etwas hören, auf welcher Ebene wir kommunizieren und in welchem Kommunikationsmuster wir reden, damit das Gespräch lösungsorientiert geführt und die Gesprächsleitung

ZUSAMMENFASSUNG

– Jede Nachricht hat vier Seiten beim Sprechen.
– Jede Nachricht hat vier Seiten beim Hören.
– Statt unreflektiert zu interpretieren, ist es wich-
  tig nachzufragen.
– Überprüfen Sie, auf welcher Ebene Sie reagie-
  ren.

6. Das gute (aktive) Zuhören

Die erste Voraussetzung für ein gutes Gespräch ist gutes Zuhören. Nur dadurch ist es möglich, gemeinsam mit dem Gesprächspartner dem Thema auf den Grund zu gehen und wirklich zu verstehen, worum es geht. Beim „aktiven Zuhören" – ein Begriff, den Thomas Gordon geprägt hat – hören wir besonders auf die Selbstoffenbarung einer Aussage. Ebenso achten wir auf die Körpersprache und den Tonfall und erfahren durch den Gesamteindruck, um was es unserem Gesprächspartner geht. Hierbei ist es wichtig, dass wir – wie oben beschrieben – unsere eigenen Werte und Meinungen zurückstellen, dann können wir uns voll und ganz auf unser Gegenüber einlassen. Beim aktiven Zuhören fühlen wir uns in den Gesprächspartner ein und versuchen ihn zu verstehen. Wir akzeptieren seine Sichtweise und geben ihm Zeit, sein Problem ausführlich darzustellen. Durch diese Haltung fühlt sich der Gesprächspartner verstanden und angenommen. Er wird nicht bewertet und muss sich nicht verteidigen, sondern kann frei reden. Er kann sich durch unsere Fragen und Rückmeldungen seinem Problem aus verschiedenen Perspektiven nähern und mit unserer Unterstützung einen adäquaten Lösungsweg erarbeiten. (In der Beschreibung des Problems liegt die Lösung des Problems.)

Wir hören nicht nur einfach still zu, sondern „spiegeln" die Aussagen, d.h., wir geben eine Rückmeldung darüber, was wir aus dem Gesamtbild verstanden haben. Dafür ist es unerlässlich, die eigenen Gefühle zurückzustellen. Diese hindern uns daran, uns auf unser Gegenüber wirklich einzulassen. Hier kommt wieder das im Kapitel 5.2 beschriebene Kommunikationsquadrat von F. Schulz v. Thun zum Tragen. Wir hören die Sachaussage, spüren der Selbstoffenbarung nach und nehmen den Gesprächspartner auf der Beziehungsebene an.

Es ist wichtig, die Rückmeldung offen zu formulieren, sodass der Gesprächspartner diese ggf. korrigieren kann. Zum Beispiel: Die falsche Formulierung „Sie sind ärgerlich." wird korrigiert in die richtige: „Es klingt so, als ob Sie ärgerlich sind?"

Wenn die Körpersprache den Worten zu widersprechen scheint, ist es sinnvoll, dieses zu benennen: „Sie sagen, dass Sie mit der Situation glücklich sind. Dabei schauen Sie eher traurig. Auf mich wirkt es so, als seien Sie nicht so ganz glücklich damit."

Durch aktives Zuhören begleiten wir die Familie unterstützend bei ihrer eigenen Lösungsfindung.

Gesprächspartner akzeptieren

Aussagen „spiegeln"

35

Die 10 Gebote des guten Zuhörens

1. Nicht sprechen!
   Sie können nicht zuhören, wenn Sie selbst sprechen.

2. Den Gesprächspartner entspannen!
   Zeigen Sie ihm, dass er frei sprechen kann. Schaffen Sie eine entspannende Umgebung.

3. Zeigen Sie, dass Sie zuhören wollen!
   Zeigen Sie Interesse. Lesen Sie zum Beispiel während des Gespräches keine Post. Hören Sie zu, um zu verstehen, nicht um zu opponieren.

4. Halten Sie Ablenkung fern!
   Zeichnen Sie z.B. keine Kritzeleien, stapeln oder durchblättern Sie keine Papiere. Stellen Sie das Telefon ab, schließen Sie die Tür.

5. Stellen Sie sich auf den Partner ein!
   Versuchen Sie, sich in seine Situation zu versetzen, damit Sie seinen Standpunkt verstehen.

6. Geduld!
   Haben Sie Zeit. Unterbrechen Sie nicht. Seien Sie nicht unter Zeitdruck.

7. Beherrschen Sie sich!
   Wenn Sie sich ärgern, fühlen Sie sich in der Regel persönlich angegriffen. Dann kann es leicht passieren, dass Sie die Worte Ihres Gegenübers falsch interpretieren.

8. Lassen Sie sich durch Vorwürfe und Kritik nicht aus dem Gleichgewicht bringen!
   Das bringt Ihren Partner in Zugzwang. Streiten Sie nicht. Auch wenn Sie gewinnen, Sie haben verloren!

9. Fragen Sie!
   Das ermutigt Ihren Gesprächspartner und demonstriert Ihr Interesse. Es kann das Gespräch vertiefen.

10. Nicht sprechen!
    Dies ist das erste und letzte Gebot, und alle anderen hängen davon ab. Man kann nicht gut zuhören, solange man spricht. Die Natur gab dem Menschen zwei Ohren, aber nur eine Zunge – dies ist ein sanfter Hinweis darauf, dass man mehr hören als sprechen sollte.

7. Das Elterngespräch

Haben Sie schon einmal überlegt, wann ein Elterngespräch beginnt?
Na klar, werden Sie sagen. Mit der Begrüßung natürlich, ich heiße die Eltern willkommen und biete Ihnen einen Platz an.

Dann sind Sie aber schon mittendrin!

Die ersten Weichen für ein Elterngespräch stellen Sie schon, wenn Sie die Eltern ansprechen, um einen Termin abzusprechen.

Aus der Art, wie Sie die Einladung formulieren, ziehen die Eltern Rückschlüsse auf den Inhalt des Gespräches. Deshalb ist eine gründliche und detaillierte Vorbereitung und Planung eines Elterngesprächs unerlässlich.

7.1 Vorbereitung des Elterngespräches

Es gibt zwei Möglichkeiten, wie es zu einem Elterngespräch kommt:
▸ die Eltern sprechen Sie an oder
▸ Sie sprechen die Eltern an.

Die Eltern sprechen die Erzieherin an
Manchmal bitten uns die Eltern um einen Gesprächstermin. Folgendes sollten Sie dabei bedenken:

Wenn Sie in dem Moment keine Zeit für eine Absprache zu Termin und Inhalt haben, bitten Sie die Eltern um eine Terminabsprache in einem ruhigeren Moment und vereinbaren nichts in Hektik. Sie können z. B. sagen: „Selbstverständlich können wir einen Termin ausmachen. Im Moment habe ich wenig Zeit dafür, können wir das heute Mittag, wenn Sie Ihren Sohn abholen, in Ruhe besprechen?"

Denn geht die Initiative für ein Gespräch von den Eltern aus, brauchen Sie einige Informationen von diesen, um sich auf das Gespräch vorbereiten zu können. Fragen Sie nach dem Anliegen oder Thema der Eltern. „Damit ich mich auf unser Gespräch gut vorbereiten kann, sagen Sie mir bitte, welches Anliegen Sie haben?",

„…was möchten Sie gern mit mir besprechen?",

„…was soll Thema des Gespräches sein?"
Belassen Sie es aber bei einer kurzen Information, steigen Sie nicht schon vorab in die Diskussion ein. Evtl. müssen Sie die Eltern bremsen. „Gut, jetzt weiß ich, worum es gehen soll. Ich möchte mich auf das Thema vorbereiten und noch nicht jetzt hier auf dem Flur in das Thema einsteigen. Bei unserem Termin nehmen wir uns die Zeit, darüber in Ruhe zu reden.

Für die Vorbereitung des Gesprächs ist es weiterhin wichtig zu wissen, wer bzw. wie viele Personen an dem Gespräch teilnehmen. Bittet z. B. eine Mutter um einen Termin, fragen Sie, ob der Vater auch teilnimmt.

Außerdem muss geklärt werden, wo das Gespräch stattfinden soll. Diese Ausführungen sind gleichermaßen für den Fall gültig, dass die Initiative von der Erzieherin ausgeht, welches im nächsten Abschnitt beschrieben wird. Möchten die Eltern, dass Sie als Erzieherin zu ihnen nach Hause kommen, z. B. weil sie sich dort sicherer fühlen oder weil sie sonst keine Kinderbetreuung haben? Dann müssen Sie klären, wie Hausbesuche in Ihrer Einrichtung gehandhabt werden und ob Sie selbst einen Hausbesuch möchten.

Gespräche bei den Eltern zu Hause sind sinnvoll, wenn die Eltern sehr unsicher sind, wenn eine für die Eltern Sicherheit gebende und vertrauensvolle Atmosphäre wichtig ist, wenn Sie das familiäre Beziehungsgeflecht (siehe auch Kapitel 14) im Beisein der ganzen Familie besser kennenlernen wollen oder wenn Sie beim Kennenlerngespräch einen ersten Kontakt zu dem Kind in seiner vertrauten Umgebung herstellen wollen.

Nicht sinnvoll sind Gespräche bei den Eltern zu Hause, wenn Sie als Erzieherin Forderungen

[Randnotizen:]
Einladung formulieren

Wer nimmt teil?

Hausbesuche

Initiative der Eltern

an die Eltern haben, also ein Gespräch führen wollen, bei dem Hierarchien deutlich gemacht werden müssen: Sie müssen etwas durchsetzen (Eltern sollen Anträge stellen, Beiträge bezahlen, Wechselwäsche mitbringen, das Kind pünktlich abholen usw.) oder Sie wollen sicher sein, dass das Gespräch ohne Kinder und ungestört stattfindet.

Hausbesuche werden in den meisten Einrichtungen nicht so oft gemacht, u. a. weil der Zeitaufwand aufgrund des Fahrtweges höher ist. Vorteile eines Hausbesuches sind:

Gesprächsort Kita

- ▸ Die Eltern fühlen sich in ihrer vertrauten Umgebung sicherer.
- ▸ Sie als Erzieherin lernen die häusliche Situation kennen (Lage, Größe und Ausstattung der Wohnung).
- ▸ Sie sehen, womit das Kind gern spielt, evtl. sein Kinderzimmer.
- ▸ Sie erleben die familiäre Stimmung im häuslichen Umfeld.
- ▸ Bei Aufnahmegesprächen können Sie in einer für das Kind sicheren, vertrauten Umgebung ersten Kontakt zu dem Kind aufnehmen. Dies kann bei sehr kleinen Kindern (unter drei Jahre) wichtig sein.

Nachteile eines Hausbesuches sind:

- ▸ Die Fahrtzeiten können lang sein.
- ▸ Wenn es sich nicht um das Aufnahme- oder Kennenlerngespräch handelt, sollten die Kinder nicht dabei sein. (Dies ist bei einem Hausbesuch nicht zu vermeiden.)
- ▸ Das Gespräch dauert meistens länger als in der Einrichtung.
- ▸ Ablenkung durch Fernsehen, Telefon, Türklingel.

Gesprächsteilnehmer

- ▸ Eventuell wird das Gespräch lockerer, als von der Erzieherin gewünscht, z. B. bieten die Eltern Essen und Getränke (ggf. abends auch Alkohol) an oder durch die häusliche gemütliche Atmosphäre werden die Themen nicht in der gewünschten Tiefe und Ernsthaftigkeit

besprochen. Auch kann es sein, dass sich die Erzieherin in der Wohnung unwohl fühlt, weil z. B. unterschiedliche Auffassungen von Sauberkeit bestehen.

- ▸ Die Erzieherin begibt sich auf ihr unbekanntes Terrain und muss sich sehr auf das Umfeld der Eltern einlassen, während die Eltern in ihrer vertrauten Umgebung sind. Dies verunsichert manche Menschen, erst dann wird es zum Nachteil.

Findet das Gespräch in der Einrichtung statt, benötigen Sie einen Raum, in dem Sie ungestört sind.

Vorteile eines Gesprächs in der Einrichtung sind:

- ▸ Die Erzieherin spart die Fahrtzeiten.
- ▸ Die Erzieherin kann für einen ruhigen Raum (ohne Telefon, ohne Störungen von außen) sorgen.
- ▸ Eventuell können die Kinder von den Eltern mitgebracht werden und in der Einrichtung mit den anderen Kindern betreut werden.
- ▸ Das Gespräch kann ohne Kinder geführt werden.
- ▸ Die Erzieherin kann entscheiden, ob und welche Getränke angeboten werden sollen.
- ▸ Die Erzieherin kann den Raum und das Setting (z. B. Sitzordnung, Getränke) so vorbereiten, wie es für das Gespräch fördernd ist.
- ▸ Die Erzieherin hat evtl. notwendige zusätzliche Unterlagen in Griffweite.
- ▸ Oft empfinden Eltern eine andere Ernsthaftigkeit bei dem Gespräch, wenn Sie sich auf den Weg machen und den Termin in der Einrichtung wahrnehmen.

Evtl. hat die Mutter einen Wunsch bezüglich der teilnehmenden Personen vom pädagogischen Personal. Es kann sein, dass sie oder ihr Kind mit der Zweitkraft besonders gut auskommt. Es kann genauso sein, dass die Mutter mit der Zweitkraft nicht auskommt oder ihr Anliegen mit dieser zusammenhängt. Bei der internen Vorbereitung muss also geprüft werden, ob es sinnvoll, vielleicht sogar unabdingbar ist, dass die Zweitkraft an dem Gespräch teilnimmt oder eben nicht. Aus dem Thema kann sich auch die Notwendigkeit der Anwesenheit der Leiterin der Einrichtung ergeben, z. B. wenn durch einen Konflikt zwischen Erzieherin und Eltern die Anwesenheit einer neutralen Person notwendig wird, wenn es um finanzielle Aspekte geht oder um Themen, die das ganze Haus betreffen, wenn die Erzieherin sich dem Thema allein nicht gewachsen fühlt und sich Unterstützung durch die Leiterin wünscht, wenn eine Meinungsverschiedenheit schon öfter diskutiert wurde und die Leiterin die Entscheidung der Einrichtung durchsetzen soll.

Manchmal ist es nützlich, die Hierarchie bewusst einzusetzen und evtl. unangenehme Themen durch die Leiterin vertreten zu lassen. So bleibt die Beziehung zwischen Gruppenleiterin und Eltern unbelastet, was den täglichen Kontakt im Alltag erleichtert. Für die Eltern bleibt die Erzieherin die „Gute" und die Leiterin übernimmt den Part der „Bösen", die die schlechte Nachricht übermittelt, sie hat ja im Allgemeinen im Kita-Alltag relativ wenig Kontakt mit der Familie. Weicht Ihre Entscheidung von dem Wunsch der Familie ab, teilen Sie dieser Ihre Entscheidung und die Begründung vor dem Gespräch unbedingt mit.

Die Erzieherin spricht die Eltern an
In den meisten Fällen werden Sie als Erzieherin die Initiative ergreifen, z. B. bei Aufnahmegesprächen, Entwicklungsgesprächen oder bei Auffälligkeiten des Kindes. In diesem Fall ist die Bereitschaft der Eltern zu einem Gespräch unterschiedlich ausgeprägt. Sicher haben Sie schon erlebt, dass einige Eltern sehr interessiert und gerne zu einem Gespräch bereit sind, andere eher zurückhaltend sind. Diese Zurückhaltung kann sehr unterschiedliche Gründe haben,

z. B. die Eltern sind beruflich sehr eingespannt und haben wenig Zeit. Die Terminierung ist aufgrund von wechselnden Arbeitzeiten oder -orten schwierig. Das Thema ist ihnen unangenehm. Sie haben Angst, etwas preiszugeben. Sie sehen das Problem bzw. die Notwendigkeit nicht. Sie sehen das Problem und fühlen sich hilflos, sehen aber keine Lösungsmöglichkeiten. Sie sind mit der Erziehung überfordert und wollen nicht, dass dies jemand bemerkt. Sie sind zufrieden, dass es ihrem Kind in der Einrichtung gut geht, mehr wollen sie nicht usw. Die Argumente bezüglich der Hausbesuche oder des Gespräches in der Einrichtung und der teilnehmenden Personen gelten für Elterngespräche, die auf Initiative der Erzieherin stattfinden gleichermaßen (siehe Kapitel 7.1 oben).

Terminierung

Überlegen Sie, wie die Eltern reagieren und was sie fragen könnten und was Sie darauf antworten wollen. Legen Sie sich zurecht, wie viel und was Sie den Eltern bei der Terminabsprache über den Inhalt oder den Anlass des Gespräches mitteilen wollen. Es ist ungünstig, schon bei der Terminabsprache auf dem Flur in das Thema einzusteigen. Es reicht, kurz zu benennen, um was es geht, ohne in die Diskussion zu gehen. „Ich möchte jetzt nicht schon hier in das Thema einsteigen. Um das alles in Ruhe zu besprechen, treffen wir uns am…"

Haben Sie ein Anliegen, auf das die Eltern sich vorbereiten sollten, geben Sie den Eltern Ihre Fragen und/oder Themen am besten schriftlich. Dann können diese sich zu Hause in Ruhe damit befassen und den ausgefüllten Bogen zum Gespräch mitbringen.

Initiative der Erzieherin

Datum und Uhrzeit sollten präzise festgelegt werden. Auch hier sind das Thema und die Ziele des Gesprächs von Bedeutung. Es hat eine völlig andere Wirkung, ob sich die Eltern nach der Erzieherin richten müssen, ob die Erzieherin sich nach den Eltern richtet oder ob sie gleichberechtigt einen Termin suchen, der beiden Seiten gut passt. Will die Erzieherin den Eltern entgegenkommen, weil sie die Zeitnot der Eltern sieht, ihr Anliegen aber unbedingt mit den Eltern besprechen will, wird sie sich eher nach den Eltern richten. Haben beide Seiten ein Interesse an dem Thema, werden sie sich auf einen für beide Seiten optimalen Termin einigen. Will oder muss die Erzieherin den Eltern beispielsweise ein Ultimatum stellen, ist es sinnvoll, den Eltern zwei Termine zur Auswahl zu geben, nach denen sie sich richten müssen.

Dauer des Gesprächs

Die zeitliche Dauer des Gesprächs sollte vorher festgelegt werden. „Wir haben dann eine Stunde Zeit: von 15.00 bis 16.00 Uhr." Das Festlegen der Zeit hat viele Vorteile. Beide Seiten müssen beim Thema bleiben, damit die Zeit reicht. Die Eltern können sich bzgl. Babysitter und anderer Termine darauf einstellen. Die Erzieherin kann ihre Arbeitszeit und die Raumnutzung einplanen. Halten Sie sich unbedingt an diese Zeiten, schauen Sie zwischendurch zur Uhr (vielleicht setzen sie sich so, dass Sie die Wanduhr im Blick haben). Das Einhalten der Zeiten ist für Verschiedenes wichtig: Es zeigt den Eltern, dass Sie zuverlässig sind, sich an Absprachen halten. Es ist für die Eltern wichtig, falls sie Anschlusstermine oder einen Babysitter bestellt haben. Falls Eltern ins Erzählen kommen sollten, haben Sie einen Grund, immer wieder auf das Thema zurückzukommen („Das ist wirklich sehr interessant, was Sie gerade erzählen. In Anbetracht der fortgeschrittenen Zeit möchte ich gern noch mal auf unser Thema zurückkommen.") Außerdem werden manche unangenehme Dinge gern erst kurz vor Schluss angesprochen, um nicht so lange darüber reden zu müssen.

Bereiten Sie sich vor!

Nur in Ausnahmefällen sollten Sie eine Überschreitung der abgesprochenen Zeit zulassen, z. B. wenn das Gespräch eine wirklich unerwartete Wendung genommen hat oder unerwartet heftige Emotionen mehr Zeit erfordern (sollte bei guter Vorbereitung eigentlich selten vorkommen) und Sie das Gespräch innerhalb der Zeit nicht zu einem guten Abschluss bringen können.

Bemerken Sie während des Gespräches, dass sich weitere Themen ergeben, die besprochen werden müssen, können Sie einen Folgetermin vereinbaren und z. B. sagen: „Ich sehe, dass sich noch einige wichtige Themen ergeben haben. Diese können wir heute nicht in aller Ausführlichkeit behandeln. Wenn Sie mit einem weiteren Termin in einer Woche einverstanden sind, können wir in Ruhe darüber reden."

 Übung 10:

Um besser nachvollziehen zu können, wie sich Eltern fühlen könnten, wenn Sie sie um ein Gespräch bitten, stellen Sie sich folgende Situation vor: Sie werden von Ihrer Vorgesetzten zu einem Gespräch gebeten.

Notieren Sie: Was wäre Ihr erster Gedanke? Welches Gefühl könnte sich einstellen? Wie möchten Sie zu einem Gespräch eingeladen werden? Welche Information möchten Sie vorab erhalten?

Wenn Sie jetzt die Gefühle, die Sie haben, anschauen, übertragen Sie diese auf Eltern. So ähnlich könnte es den Eltern auch gehen.

Stehen der Termin und das Thema des Gesprächs fest, nehmen Sie sich ca. eine Stunde Zeit für die differenzierte Planung (siehe Kapitel 7.2) des Gesprächs. Wenn Sie diese Planung öfter durchgeführt haben, brauchen Sie etwas weniger Zeit. Hilfreich ist es, wenn Sie die Vorplanung zu zweit durchführen können.

Bereiten Sie sich auf das Gespräch vor. Wählen Sie die Kleidung für sich aus, in der Sie sich wohlfühlen. Manche Gespräche finden nachmittags statt, nachdem Sie schon mehrere Stunden im Kinderdienst gearbeitet haben. In diesem Fall sollten Sie etwas Kleidung zum Wechseln einpacken, denn bei der Arbeit und den Mahlzeiten mit Kindern bleibt die Kleidung selten den gan-

Checkliste für die Vorbereitung des Elterngespräches

1. Wer hat das Gespräch initiiert?

    Eltern:
    • Worüber möchten sie reden?

    _____

    _____

    _____

    _____

    • Was erwarten sie von mir?

    _____

    _____

    _____

    _____

2. Welches Ziel habe ich für das Gespräch? (daraus ergibt sich der weitere Plan)

    _____

    _____

    _____

3. Wer soll daran teilnehmen? (Mutter, Vater, beide Elternteile, Kind/er, andere, an der Erziehung Beteiligte, wer vom pädagogisches Personal)

    _____

    _____

    _____

4. Wo findet das Gespräch statt? In der Kita? Bei den Eltern zu Hause?

    Je nach Ziel: z.B.
    • Vertrauen aufbauen: Dann kann das Gespräch bei den Eltern zu Hause stattfinden.
    • Habe ich eine Forderung an die Eltern, findet das Gespräch in der Kita statt?

    _____

    _____

→

5. Um welche Uhrzeit findet das Gespräch statt?
   – Richten Sie sich nach den Eltern (Vertrauen schaffen), wirkt das anders auf die Eltern, als wenn
     Sie den Termin nach Ihrer Arbeitszeit legen und die Eltern bitten, sich danach zu richten.

_____

6. Wie lange soll das Gespräch dauern? Zeitpunkt von Beginn und Ende festlegen und zu Beginn die
   Zeiten nennen (Wir haben jetzt Zeit bis ...)

_____

7. Wer spricht die Eltern (Mutter oder Vater) an?

_____

8. Was sagen Sie?

_____

_____

_____

9. Welche Fragen könnten kommen?

_____

_____

_____

_____

_____

10. Was antworten Sie darauf?

_____

_____

_____

_____

_____

zen Tag lang sauber. Planen Sie, wenn irgend möglich, eine Pause von 30 Minuten zur Vorbereitung (Umziehen, Raum vorbereiten, evtl. Kaffee kochen, innerlich das Gespräch evtl. mit der teilnehmenden Kollegin noch einmal durchgehen) ein. Sorgen Sie dafür, dass Sie während des Gespräches ungestört sind: Geben Sie das Telefon an eine Kollegin. Stellen Sie sicher, dass genügend andere Kolleginnen für die Kinderbetreuung im Haus anwesend sind. Hängen Sie ein Schild (einmal ausgedruckt und laminiert ist es jederzeit griffbereit und immer wieder einsetzbar) an die Tür:

Bitte nicht stören
Elterngespräch

Machen Sie Ihren Kopf frei. Das heißt, alles andere (z. B. andere Themen, die Sie beschäftigen) wird für dieses Gespräch zurückgestellt. Gehen Sie den von Ihnen geplanten Ablauf kurz vorher noch einmal gedanklich durch. Machen Sie sich noch einmal das Positive des Kindes und die Ressourcen der Familie klar, so können Sie der Familie offen und wertschätzend begegnen.

ZUSAMMENFASSUNG

– Klären Sie sorgfältig Termin, Ort, Dauer und die Zahl der Teilnehmer im Vorfeld des Gesprächs.
– Sorgen Sie für Ungestörtheit.
– Stellen Sie eigene Bewertungen zurück.
– Lenken Sie den Blick auf die Ressourcen der Familie.

7.2 Differenzierte Planung des Elterngespräches

Nachdem nun Thema, Teilnehmer und Datum feststehen, wird das Gespräch detailliert vorbereitet. Dies geht am besten zu zweit, auch wenn Sie später entscheiden, dass Sie das Gespräch allein führen werden. Halten Sie Ihre Vorplanung schriftlich fest. Es ist kein Problem, diese schriftlichen Unterlagen mit in das Gespräch zu nehmen. Benennen Sie es den Eltern gegenüber: „Ich habe meine Vorbereitung für dieses Gespräch schriftlich festgehalten und mitgebracht, damit ich sicher sein kann, nichts zu vergessen. Außerdem kann ich diese mit wichtigen Informationen oder Gedanken Ihrerseits ergänzen."

Zunächst legen Sie Ihr Ziel für das Gespräch fest, z. B. sollen die Eltern das Kind beim Kinderarzt vorstellen, Termine bei einer Logopädin machen, einen Antrag auf Frühförderung unterschreiben, das Kind pünktlich bringen oder abholen usw. *Ziel des Gesprächs*

Dann können Sie entscheiden, welche Informationen Sie bereits haben und welche Sie noch von den Eltern benötigen. Notieren Sie die geeigneten Fragen, die Sie stellen wollen (siehe auch Kapitel 13 bis 14.2). Je nachdem, welches Ziel Sie sich gesetzt haben, kann es sinnvoll sein, die Eltern zunächst erzählen zu lassen. Schreiben Sie sich die Fragen auf, mit denen Sie den Eltern diesen Einstieg erleichtern: „Schildern Sie uns doch bitte einfach mal einen Morgen, vom Aufstehen bis zum Eintreffen in der Kita. Müssen Sie Ihren Sohn wecken oder ist er dann schon wach?"

Wollen Sie den Eltern einige Informationen geben, formulieren Sie diese – soweit möglich – positiv. Geht dies gar nicht, bleiben Sie bei einer sachlichen, neutralen Darstellung Ihrer Beobachtungen. Unterlassen Sie jegliche Bewertungen. Geht es z. B. um unerwünschte Verhaltensweisen des Kindes, können Sie darstellen, welche Folgen diese für das Kind haben (beißt das Kind andere Kinder, können Sie das so benennen und sagen, dass inzwischen einige Kinder nicht mehr mit ihm spielen wollen), um den Eltern einen Handlungsbedarf deutlich zu machen, der ihr Kind unterstützen soll.

Eigene Werte Besonders wichtig bei dieser Vorbereitung ist, dass Sie sich Ihrer eigenen Meinung und Wertvorstellung bezüglich der Familie und des Themas bewusst sind. Seien Sie dabei wirklich ehrlich sich selbst gegenüber. Nur dann können Sie

Ressourcen der Familie diese – falls nötig – bewusst für das Gespräch zurückstellen. Sind Sie sich nicht darüber im Klaren, werden Sie Ihre Meinung (Bewertung) unbewusst durch Mimik, Gestik, Tonfall, Wortwahl zum Ausdruck bringen und die Eltern werden dies spüren. Sie selbst können nur dann neutral bleiben, unvoreingenommen aktiv zuhören und den Eltern wertschätzend begegnen, wenn Sie Ihre eigene Haltung kennen.

Reaktionen der Eltern Ebenso wichtig ist es zu überlegen, wie sich die Eltern im Gespräch verhalten könnten. Fragen Sie sich, was die Eltern sagen, wie sie reagieren, was sie fragen könnten. Wenn Sie das Gespräch gründlich planen, können Sie dies re-

Aufgaben verteilen lativ gut einschätzen (siehe auch Kapitel 8). Sie haben einen Eindruck der Familie, kennen das Kind und können daraus ziemlich realistisch deren Reaktionen ableiten. Auf diese Weise können Sie sich vorher entsprechende Antworten überlegen.

Des Weiteren überlegen Sie, mit welchen Fragen bzw. Reaktionen der Eltern Sie gut klarkommen, und noch wichtiger: mit welchen nicht. Mit welchen Fragen oder Verhaltensweisen können die Eltern Sie aus dem Konzept bringen? Was wäre für Sie das Schlimmste, was bei dem Gespräch passieren könnte? Jeder Mensch hat seine eigene Geschichte auch mit persönlichen Verletzungen, auf die man besonders sensibel reagiert. Es ist wichtig, diese zu kennen und sich

Handlungsmöglichkeiten zu überlegen, die Ihnen in einer solchen Situation helfen, bei sich zu bleiben, sich nicht provozieren zu lassen und die Gesprächsführung zu behalten. Sind Sie sich vor dem Gespräch über diese Dinge im Klaren, können Sie gelassen bleiben und das Gespräch professionell führen und die Eltern adäquat begleiten.

Sind Veränderungen für die Familie Ihr Ziel, sollten Sie bei dem Familienmitglied ansetzen, welches zu einer Veränderung am ehesten bereit ist. Schreiben Sie die Ressourcen (Stärken) der Familie auf, bei denen Sie für eine Veränderung ansetzen können. Diese werden ausgebaut und der Blick vom Mangel oder Fehlverhalten auf die Stärken und positiven Eigenschaften gelenkt.

Sind die Inhalte und Ziele festgelegt, entscheiden Sie, welche pädagogischen Teilnehmer für dieses Gespräch förderlich oder notwendig sind. Es kann sich herauskristallisieren, dass Sie das Gespräch nicht allein führen möchten, weil Sie mit der vermutlichen Reaktion der Eltern (z. B. Tränenausbruch, Aggressionen) nicht gut umgehen können und es Ihnen hilft, wenn Ihre Kollegin dabei ist.

Entscheiden Sie, das Gespräch zu zweit zu führen, legen Sie die Rollen und Aufgaben fest. Es ist sinnvoll, dass entweder Sie selbst oder Ihre Kollegin die Gesprächsführung übernehmen und während des ganzen Gesprächs behalten und dies nicht abwechselnd zu übernehmen. Die Gesprächsleiterin wird das Gespräch moderieren, die Zeit im Blick behalten und auch den Abschluss des Gesprächs einleiten. Die jeweils andere ergänzt und beobachtet Reaktionen der Eltern. Falls nötig schreibt sie Protokoll. Eventuell übernimmt sie auch einen Teil des Gesprächs, z. B. schildert ihre Beobachtung des Kindes. Auch müssen Sie entscheiden, wer von Ihnen die Eltern wegen eines Termins anspricht und was den Eltern mitgeteilt werden soll/muss. Legen Sie auch fest, wo das Gespräch stattfindet, wie lange das Gespräch dauern soll (ist die verabredete Zeit angemessen), wer am besten neben wem sitzen soll, ob es Kaffee oder Wasser geben soll.

Der Raum, in dem das Gespräch in der Einrichtung stattfindet, sollte ruhig sein und von niemand anderem für die Dauer des Gespräches und der anschließenden Reflexion benötigt werden. Die Sitzordnung richtet sich nach dem Ziel des Gesprächs. Nehmen beide Elternteil teil und Sie möchten den Eltern ermöglichen, als Team aufzutreten, sitzen die Eltern nebeneinander. Möchten Sie die beiden eher einzeln wahrnehmen, setzen Sie sie über Eck an den Tisch. Führen Sie das Gespräch mit einer Kollegin, hängt es auch hier vom Ziel ab, ob Sie sich gemeinsam den Eltern gegenübersetzen, als „Block" bzw. Gegenpol zu den Eltern. Wollen Sie nicht wie eine Front gegenüber den Eltern wirken, setzen Sie und die Kollegin sich über Eck an den Tisch. Kommt nur ein Elternteil, beispielsweise die Mutter, zum Gespräch, kann sich eine von Ihnen beiden zur Mutter setzen, um Unterstützung zu signalisieren. Setzen Sie sich zu zweit der Mutter gegenüber, kann es sein, dass dies auch als Front wirkt (je nach Ziel soll es das auch) und die Mutter sich allein fühlt. Soll die Atmosphäre entspannt sein, bieten Sie Kaffee und Wasser an. Manchen Menschen hilft es (damit meine ich nicht nur die Eltern), wenn sie sich an einer Tasse Kaffee oder einem Glas Wasser „festhalten" können.

Geht es nur um einen kurzen Informationsaustausch, sind Getränke nicht unbedingt notwendig.

Gesprächsablauf

Das Gespräch beginnt mit der Begrüßung und einleitenden Worten zum verabredeten Thema. Benennen Sie ruhig noch einmal den zeitlichen Rahmen. Dann werden kurz die Inhalte angesprochen. Sie folgen Ihrer differenzierten Vorplanung, ohne auf deren Einhaltung zu beharren, evtl. können neue Erkenntnisse den Verlauf verändern. Wenn alle Informationen zum Thema ausgetauscht sind, werden Vereinbarungen getroffen. Circa zehn Minuten vor Ablauf der Zeit läuten Sie das Ende ein („Wir haben jetzt noch zehn Minuten Zeit. Gibt es noch etwas, was wir von Ihnen zu unserem Thema wissen sollten oder was Sie noch zu dem Thema sagen möchten?"). Fassen Sie das Gespräch in ein paar Sätzen zusammen und wiederholen Sie die Vereinbarung. Falls Sie der Familie eine Hausaufgabe (siehe auch Kapitel 14.4) geben möchten, ist jetzt der richtige Zeitpunkt dafür. Sie schließen das Gespräch mit ein oder zwei positiven Rückmeldungen an die Familie ab (siehe Kapitel 14.6) und verabschieden sich.

Das Setting

Haben die Eltern den Raum verlassen, beginnen Sie mit der Reflexion (siehe Kapitel 7.3). Hierfür sollten Sie immer bei der Vorplanung des zeitlichen Rahmens mindestens 15 Minuten einplanen.

Reflexion

Checkliste für die differenzierte Planung des Elterngespräches

1. Welches Ziel haben Sie? Was möchten Sie in dem Gespräch vermitteln oder erreichen?
   _____
   _____
   _____

2. Welche Informationen liegen vor oder müssen ausgetauscht werden?
   _____
   _____
   _____

3. Welche Fragen müssen Sie stellen? Sollen die Eltern erst mal erzählen?
   _____
   _____
   _____

4. Welche Inhalte möchten Sie in dem Gespräch unterbringen?
   _____
   _____
   _____

5. Welche Reaktionen und/oder Fragen der Eltern erwarten Sie?
   _____
   _____
   _____

6. Mit welchen Reaktionen und/oder Fragen können Sie gut umgehen?
   _____
   _____
   _____

7. Mit welchen Reaktionen und/oder Fragen können Sie nicht umgehen? Was können Sie dann tun?
   _____
   _____
   _____

8. Was kann schlimmstenfalls aus Ihrer Sicht während des Gespräches passieren?
   _____
   _____
   _____

9. Wie können Sie dann reagieren? Wer oder was würde Ihnen dann helfen?
   _____
   _____
   _____

10. Mit was, welcher Frage oder welchem Verhalten könnten die Eltern Sie verunsichern oder aus dem Konzept bringen?
    _____
    _____
    _____

11. Was würde Ihnen dann helfen?
    _____
    _____
    _____

12. Mit welchem Kommunikationsmuster haben Sie die wenigsten bzw. die meisten Probleme?
    _____
    _____
    _____

→

13. Wie können Sie sich davor schützen oder dann reagieren?
_____
_____

14. Welche Wertvorstellungen, Vorurteile, Meinung haben Sie persönlich zu dem anstehenden Thema?
_____
_____
_____

15. Was kann die Familie und/oder das Kind besonders gut? Wo sind die Stärken (Ressourcen), die Sie nutzen können?
_____
_____
_____

16. Soll eine zweite Erzieherin dabei sein? Warum? Warum nicht? Rollenverteilung, wenn das Gespräch mit einer Kollegin geführt wird:
_____
_____
_____

 – Wer führt bzw. leitet das Gespräch? Genaue Rollenverteilung festlegen.
 – Welche Rolle übernimmt die zweite Erzieherin? (Ergänzungen, bestimmte inhaltliche Anteile, auf Gestik, Mimik achten, auf nonverbale Mitteilungen und Unstimmigkeiten achten, Reaktionen beobachten, roten Faden behalten, Protokoll schreiben.)
_____
_____
_____

 – Wer sitzt wo? (nebeneinander, um Einheit zu demonstrieren, bildet aber einen Block; gegenüber, um aufzulockern, Blickkontakt schnell herstellen zu können; neben einem Elternteil, um Unterstützung für diesen zu signalisieren).
_____
_____
_____

 – Wer achtet auf die Zeit?
_____
_____
_____

17. Das Setting:
 – Wo findet das Gespräch statt? In welchem Raum? _____
 – Welche Sitzgelegenheiten gibt es? _____
 – Wo sitzen die Eltern? Beide Elternteile: nebeneinander, gegenüber, neben Erzieherin (Welche Sitzordnung ist für das Ziel am besten?)._____
 – Ist für Ungestörtheit gesorgt? (Telefon umleiten bzw. abgeben, Schild an die Tür, Kinderbetreuung) ___
 – Sitzen Sie am Tisch? Ohne Tisch? _____
 – Gibt es Kaffee oder Tee? (je nach Anliegen) _____

18. Gesprächsaufbau:
 – Einleitung: Begrüßung
 – Darstellung des Themas, Inhalts, Problems
 – Besprechung des Themas
 – Evtl. Vereinbarungen treffen
 – Ende einläuten: Ist alles gesagt? Möchte jemand noch etwas sagen?
 – Ende des Gesprächs: Zusammenfassung, Vereinbarungen wiederholen, evtl. Hausaufgabe, bedanken und verabschieden
 – Reflexion

19. Reflexion:
 – Checkliste Reflexion abarbeiten (siehe Kapitel 7.3, Seite 48)

7.3 Die Reflexion

Unbedingt notwendig ist die Einplanung einer Reflexion unmittelbar nach dem Elterngespräch. Diese Zeit sollten Sie von vornherein mit einkalkulieren. Die Reflexion bietet die Chance, das eigene Verhalten zu überprüfen und evtl. Folgetermine mit der Familie zu optimieren. Auch für Gespräche mit anderen Familien profitieren Sie, indem Sie lernen, unglückliche Formulierungen durch zielförderliche Ausdrucksweisen zu ersetzen. Eventuell haben Sie neue Erkenntnisse in dem Gespräch gewonnen, aus denen Sie veränderte pädagogische Handlungspläne für das Kind ableiten. Haben Sie das Gespräch gemeinsam mit einer Kollegin geführt, ist es nun wichtig, die Wahrnehmungen und Fakten abzugleichen.

Machen Sie sich schriftliche Notizen, halten Sie Ihren ersten Eindruck unmittelbar nach dem Gespräch fest. Ist er positiv, haben Sie ein gutes Gefühl oder stört Sie irgendetwas? Sind Sie zu zweit bei dem Gespräch gewesen, überprüfen Sie, ob sich die gewählte Rollenverteilung bewährt hat: Wenn ja, was war daran besonders förderlich, wenn nein, was hat gestört bzw. welche Aufteilung wäre besser gewesen? Gehen Sie das Gespräch mit Ihrer Kollegin noch einmal durch, reflektieren Sie Ihr eigenes Verhalten und Gefühl und das Ihrer Kollegin. Vergleichen Sie Ihre Wahrnehmungen mit den Beobachtungen Ihrer Kollegin. Fragen Sie sich, ob und wie Sie Ihr Ziel erreicht haben. Meistens reichen ca. 15 Minuten für eine Reflexion aus.

In der folgenden Checkliste finden Sie einige Fragen, die für eine Reflexion hilfreich sind.

Checkliste Reflexion

– Wie ist das Gespräch verlaufen? Hat sich die Rollenverteilung bewährt?

_____

_____

_____

– Haben Sie das Ziel des Gespräches erreicht? Wenn ja, was hat dazu geführt, was war besonders hilfreich, das Ziel zu erreichen?

_____

_____

_____

– Wenn nein, was ist passiert, dass Sie es nicht erreicht haben? Hat sich das Ziel während des Gesprächs verändert? Wodurch sind wir vom Ziel abgekommen? Welche Informationen oder Prozesse haben ggf. zu dieser Änderung geführt?

_____

_____

_____

– Was haben Sie Neues erfahren?

_____

_____

_____

– Hat die Gesprächsführende die vereinbarten Sachinhalte für die Eltern verständlich ausgedrückt?

_____

_____

_____

– War das Setting angemessen, unterstützend?

_____

_____

_____

→

– Hat jede ihre vereinbarte Rolle eingehalten?

_____

_____

_____

– Gab es bedeutsame Wendungen in dem Gespräch?
Wodurch (z.B. welche Frage, welches Thema) wurden diese verursacht?

_____

_____

_____

– Gab es unangenehme Situationen? Für wen? Wie war der Ablauf?
Wie können Sie anders darauf reagieren?

_____

_____

_____

– Welche Handlungen leiten Sie aus dem Gespräch ab?

_____

_____

_____

– Wie könnten Sie das Gespräch optimieren?

_____

_____

_____

– Zusammenfassung

_____

_____

_____

– Leiten sich aus dem Gespräch Folgevereinbarungen ab bzw. wurden welche getroffen?
Wie und durch wen werden diese überprüft?

_____

_____

_____

7.4 Rollenspiel als Übungsmethode

Die beste Übung sind Rollenspiele, auch wenn viele zuerst Hemmungen haben. Schneller als im Rollenspiel kann man Gesprächsführung nicht lernen.

In einer größeren Gruppe kann die Erzieherin, die den Fall eingebracht hat, eine Rolle übernehmen, um sich in die entsprechende Person einzufühlen. Sie kann auch zuschauen, wie andere die Rollen darstellen. Sie gibt eine kurze Information an die einzelnen Darsteller, dann nehmen diese ihre Rolle ein. Es wird verabredet, dass das Rollenspiel von den Darstellerinnen mit dem Hinweis „Schnitt" unterbrochen werden kann. Die Leiterin der ganzen Gruppe verteilt an die Zuschauer Aufgaben zur Beobachtung (z.B.: Achtet auf die Mimik, Gestik, Worte, Körperhaltung der Mutter/des Vaters und der Kollegin, der Erzieherin, auf die offenen, geschlossenen Fragen, auf die Beziehungsebene, Sachebene usw.). Weiß die Erzieherin in der Rolle nicht mehr weiter, sagt sie „Schnitt". Dann fragt die Leiterin der ganzen Gruppe alle Rollenspieler, wie es ihnen in der Rolle geht. Dabei werden alle mit dem Namen der Rolle angesprochen. Die Zuschauer geben ihre Wahrnehmungen und Ideen für das weitere Gespräch ab. Die Rolle der Erzieherin kann dann gewechselt werden.

Es ist immer wieder beeindruckend, wie realitätsnah sich die Rollenspiele entwickeln. Mit nur wenigen Informationen ist jeder in der Lage, die entsprechende Rolle zu übernehmen. Worte, Gestik und Gefühle werden relativ nah am Original ausgedrückt und auch empfunden. Deshalb ist es wichtig, am Ende des Rollenspiels mit einem kleinen Ritual die Rolle wieder abzulegen. „Du legst nun die Rolle der Mutter (Frau …) wieder ab, ähnlich einem Mantel, den du ausziehst. Damit gibst du die Gefühle der dargestellten Person zurück. Du bist wieder… (eigenen Namen einsetzen). Du darfst das, was du in der Rolle gelernt hast und behalten möchtest, behalten. Du kannst nun wieder auf deinen Platz zurückgehen."

Übung 11:

Sie setzen sich mit Ihrer Kollegin zusammen, am besten dort, wo das Gespräch stattfinden soll. Sie legen die Rollen fest: Zum Beispiel übernehmen Sie die Gruppenleiterin und Ihre Kollegin die Mutter. Sie sprechen die Namen ab und benutzen diese für die Übung. Dann beginnen Sie dort, wo Sie später auch beginnen: mit der Begrüßung. Dann führen Sie das Gespräch fiktiv durch.

Es ist nicht notwendig, das Gespräch komplett durchzuspielen. Nach einer Ihnen angemessenen Zeit können Sie die Rollen tauschen.

In der Rolle der Mutter erleben Sie hautnah, welche Fragen, welche Haltung, welche Körpersprache Ihnen angenehm und dem Gespräch förderlich ist. Und Sie spüren ebenso unmittelbar, bei welcher Art zu fragen, bei welchem Tonfall Sie sich in der Rolle der Mutter zurückziehen, weil Sie sich bedrängt fühlen, ausweichen, sich nicht verstanden fühlen usw.

Am Anfang ist ein Rollenspiel für die meisten ungewohnt. Aber wenn Sie sich zu Beginn konzentrieren und in Ihrer Rolle bleiben, werden Sie feststellen, wie hilfreich ein Rollenspiel ist.

8. Beispiel für ein Elterngespräch

Im Folgenden wird ein Elterngespräch dargestellt, welches so stattgefunden hat, natürlich mit der Erlaubnis aller Beteiligten. Eine Erzieherin hat dieses Gespräch geführt. In der Ausbildung zur Erzieherin kam nach ihren eigenen Angaben das Thema Gesprächsführung so gut wie gar nicht vor. Sie ist in ihrem ersten Berufsjahr nach der Ausbildung und leitet eine Krippengruppe mit acht Ganztagsplätzen.

An einem Planungstag in der Krippe wurde das Thema Kommunikation und Elterngespräche – teils in Rollenspielen – bearbeitet. Am nächsten Tag wird meine Kollegin von einer Mutter um ein Gespräch gebeten.
Thema soll sein: „Mein Sohn Felix wehrt sich nicht!"

Die Vorbereitung

Meine Kollegin, die Gruppenleiterin Frau Kern, bat mich, Frau Beier, die Leiterin der Einrichtung, dieses Gespräch mit ihr und ihrer Zweitkraft gemeinsam vorzubereiten. Sie selbst hatte keine rechte Idee, wie sie dieses Elterngespräch führen sollte. Wir haben uns zur verabredeten Zeit ca. 45 Minuten zusammengesetzt, um das Gespräch nach dem hier dargestellten Vorgehen vorzubereiten:

Ich frage zunächst, was Frau Lehmann, die Mutter, bei der Bitte um einen Termin gesagt hat. Frau Kern berichtet, dass sich Frau Lehmann Sorgen um ihren Sohn Felix mache, weil der sich nicht gegen die Schläge eines befreundeten Jungen wehre. Andererseits finde sie es gut, dass er sich mit Worten zur Wehr setzen könne. Frau Lehmann bat Frau Kern um ihre fachliche Meinung und um Rat, wie sie sich verhalten solle. Frau Kern fragte, ob der Vater auch an dem Gespräch teilnehme. Die Mutter bejahte dies. Der Termin ist für den übernächsten Tag angesetzt.

Frau Kern äußert Unsicherheit, weil sie selbst das Thema nicht als Problem ansieht und nicht weiß, was sie der Mutter raten soll. Sie selbst schätzt Felix als Kind mit hohen sozialen Kompetenzen ein. Er kann sich gut verbal mit einer entsprechenden abwehrenden Geste wehren. Als Gruppenleiterin ist sie froh und stolz, dass es die Kinder ihrer Gruppe gelernt haben, sich mit Worten zu wehren und nicht sofort zu schlagen. Ich fordere Frau Kern auf, dieses in einer spontanen, kurzen Rollenspielsequenz (ich in der Rolle als Mutter, Frau Kern in der Rolle als Gruppenleiterin) genauso zu sagen. Die Reaktion der Mutter in der Rolle ist eindeutig, sie fühlt sich nicht verstanden. Beide fühlen sich in ihrer Rolle nicht wohl. Das Gespräch stockt. Das Problem liegt offensichtlich an anderer Stelle.

Wir probieren alle Ideen der Gruppenleiterin und der Zweitkraft in solchen kurzen Rollenspielsequenzen. Dadurch wird bei jeder Idee schnell klar, ob die Idee in die richtige oder falsche Richtung geht. Ich wende dieses relativ ausführliche Verfahren jedes Mal an, weil auch hier die Devise gilt: Ratschläge sind auch Schläge. Selbst wenn ich spüre, wo das Kernproblem liegen könnte, hat es wenig Sinn, dieses einfach zu benennen. Die Erzieherin findet mit mir gemeinsam einen Weg zur Lösung und kann dieses Verfahren der Begleitung dann im Elterngespräch ebenso mit der Mutter umsetzen.

Schnell wird allen klar, dass das eigentliche Problem nicht das Verhalten Felix' ist, sondern offenbar die Gefühle, die das Verhalten des Kindes bei der Mutter auslösen. Ich bitte Frau Kern, erneut in das Rollenspiel zu gehen und dort die Mutter aufzufordern, zunächst die Situation genau zu beschreiben. Dabei wird durch ständiges Nachfragen deutlich, dass die Mutter sich in der Konfliktsituation der beiden Jungen unwohl fühlt. Dem Vater scheint es nicht so zu gehen.

Nun übernehme ich im Rollenspiel die Rolle der Erzieherin Frau Kern, Frau Kern übernimmt die Rolle der Mutter. Ich frage als Erzieherin: „Es wirkt so, als ob ihr Mann die Abwehrreaktion von Felix völlig ausreichend findet. Für Sie scheint es schwer auszuhalten zu sein, wenn Sie zusehen müssen, dass Felix sich nicht genügend zur Wehr setzt?" Frau Kern als Mutter bestätigt dies. Ich als Erzieherin frage: „Kennen Sie das Gefühl?" Daraufhin erzählt Frau Kern als Mutter lebhaft, dass sie als Kind oft verprügelt wurde. Ich als Erzieherin frage jetzt: „Was hat oder hätte Ihnen damals geholfen?" und „Was wünschen Sie sich für Ihren Sohn?"

In der Vorbereitung wird nun klar, dass die Mutter erkennen kann, dass sie ihre Gefühle auf ihren Sohn projiziert. Er selbst empfindet sich wahrscheinlich gar nicht als Prügelknabe. Wenn die Mutter zu dieser Erkenntnis finden kann, wird sich das Problem erledigt haben.

Am Ende dieser Vorbereitung fühlte die Gruppenleiterin Frau Kern sich relativ sicher und gut in der Lage, das Elterngespräch zu führen. Sie stand nicht mehr unter dem Druck, den Eltern irgendeinen Rat geben zu müssen, und fühlte sich nicht verantwortlich, das Problem für die Eltern, z. B. durch einen Rat, zu lösen. Sie war bereit, die Eltern auf ihrem eigenen Weg zu einer Lösung durch emphatisches und gezieltes Fragen zu unterstützen und den Prozess zu begleiten. Und dieses nach nur einem Tag Fortbildung und einer Dreiviertelstunde gezielter Vorbereitung!

Das Gespräch

Die Mutter Frau Lehmann bittet die Erzieherin, Frau Kern, um ein Gespräch. Als Vorinformation gibt sie an: Der Anlass ist ihr Sohn Felix. Felix ist 2 Jahre alt. Er wehrt sich nicht, wenn er von anderen Kindern gehauen wird. An dem Gespräch werden Mutter und Vater, Frau Kern und die Zweitkraft teilnehmen.

Im Gespräch fordert Frau Kern nach der Begrüßung die Mutter auf, das Problem zu schildern. Sie beschreibt, dass ihr Sohn sich nicht wehrt, wenn er gehauen wird. In der Krippe habe er gelernt, sich mit Worten zu wehren.

Abb. 16: Die Gesprächssituation

Wenn ein Kind etwas tut, was er nicht möchte, hebt er abwehrend seine Hand in Richtung des Kindes und sagt laut und deutlich „Nein!". Das findet die Mutter sehr gut, sie ist froh, dass Felix dieses Verhalten schon so früh gelernt hat. Trotzdem wünscht sie sich, dass er sich zur Wehr setzt, wenn andere Kinder ihn angreifen. Sie möchte, dass er zurückhaut, wenn er gehauen wird, „weil er nur so in der Welt zurechtkommt". Der Vater findet es nicht so dramatisch, dass Felix nicht zurückhaut.

Auf die Frage, ob die Mutter selbst das Gefühl kenne, sprudelt sie los: „Ja, so ist es mir als Kind auch gegangen, ich habe mich nicht genügend gewehrt, mich ausgeliefert und hilflos gefühlt, manchmal war ich auch wütend!" Sie erzählt, dass sie selbst als Kind im Kindergarten von zwei Jungen geärgert und verprügelt wurde. Sie hat sich damals genauso wie Felix verhalten und sich nicht körperlich gewehrt. Die Jungen hörten nicht auf, sie zu ärgern. Auf die Frage: „Was hat Ihnen damals geholfen?", antwortet sie: „Meine Mutter riet mir zurückzuschlagen und dies fruchtete, man ließ mich fortan in Ruhe."

Ihr wird plötzlich klar, dass sie ihre eigenen Gefühle auf Felix übertragen hat. Auf die Frage: „Was glauben Sie, wie geht es Felix in der Situation?", antwortet sie: „Ich glaube, Felix empfindet sich nicht als Prügelknabe, er findet sich in Ordnung, ihm geht es gut mit seiner Abwehrreaktion, sie reicht ihm völlig aus!" Nun kann sie ihren Sohn als eigene Person mit seinen eigenen Empfindungen in dieser Situation sehen und akzeptieren, dass diese sich von ihren unterscheiden. Durch die Übertragung der Gefühle erklärt sich auch der oben geschilderte Widerspruch. Einerseits findet die Mutter es toll, dass ihr Sohn nicht schlägt, sondern sich schon mit zwei Jahren mit Worten wehren kann, andererseits soll er nicht zum Prügelknaben werden und sich durch Zurückschlagen wehren. (Jedes Verhalten macht Sinn, wenn man den Kontext kennt). Sie wünscht sich trotzdem für Felix, dass ihm nicht das Gleiche widerfährt wie ihr selbst und auch dass er weniger gehauen wird bzw. sich weniger hauen lässt. Frau Kern fragt die Mutter: „Was würden Sie sich wünschen, wie Felix in einer solchen Situation reagiert?", Antwort: „Er soll zurückhauen, aber nicht zu stark, sondern als deutliches Signal." Frau Kern erzählt der Mutter, dass sie dieses Problem in der Krippe nicht wahrnimmt.

Nun stellt sich heraus, dass es um ein gleichaltriges Kind im Freundeskreis geht, das Felix manchmal haut. Frau Kern sagt: „Was hat Felix für ein Erfolgserlebnis, wenn er zurückhaut? Was – denken Sie – lernt er dadurch?" Frau Lehmann wird nachdenklich und wiederholt, dass sie Angst hat, dass ihr Sohn als Prügelknabe dient. Frau Kern fragt: „Wie reagiert die Mutter des schlagenden Kindes?" Frau Lehmann antwortet: „Die Mutter reagiert gar nicht." Während sie diesen Satz ausspricht, bemerkt sie, dass die Lösung des Problems darin liegt, die Eltern des schlagenden Kindes anzusprechen. Sie ist sehr erleichtert.

Durch dieses Gespräch ist der Mutter selbst klar geworden, dass das Problem nicht ihr Kind ist, sondern dass das Problem auf der Erwachsenenebene zu beheben ist. Einerseits, indem sie ihre eigenen Kindheitserlebnisse reflektiert und diese nicht auf ihren Sohn überträgt, und andererseits hat sie für sich festgestellt, dass hier die Erwachsenen handeln müssen, indem sie ihren Kindern angemessene Verhaltensregeln im Umgang untereinander vermitteln. Die Eltern von Felix werden die Eltern des anderen Jungen ansprechen. Sie wollen ihre Wahrnehmung des Konfliktes zwischen den Jungs schildern und ihre Freunde bitten, dass sie ihrem Kind andere Verhaltensweisen im Umgang mit Felix nahebringen bzw. auch einschreiten, wenn der Junge Felix haut.

9. Das Aufnahmegespräch

Das Aufnahmegespräch findet in der Regel im Juni/Juli oder unmittelbar vor dem geplanten ersten Krippen- bzw. Kita-Tag statt. Manche Einrichtungen veranstalten zunächst noch vor den Sommerferien einen Kennenlernnachmittag für alle neuen Kinder mit ihren Eltern. Dort gibt es allgemeine Informationen für alle Familien und die Möglichkeit, die Räume, die Erzieherinnen und die anderen Kinder mit ihren Familien kennenzulernen. Dieses hat sich als sehr sinnvoll erwiesen, weil es zu Beginn eines jeden Kindergartenjahres viele Informationen gibt, die alle Eltern gleichermaßen betreffen. Bei einem gemeinsamen Nachmittag erhalten alle Eltern gleichzeitig diese Infos und die Erzieherin muss diese nicht jedem einzeln erklären. Eltern und Kinder empfinden es allgemein als angenehm, schon vorher die Räume kennenzulernen und erste Kontakte zu anderen Gruppenmitgliedern knüpfen zu können.

Zu den allgemeinen – auch schriftlichen – Informationen zählen u.a.:
▸ Öffnungszeiten der Einrichtung
▸ Bring- und Abholzeiten
▸ Essenszeiten
▸ Tagesablauf
▸ Wie feiern wir in der Einrichtung Geburtstage der Kinder
▸ Beitragssätze
▸ Nutzungsordnung
▸ Eingewöhnungskonzept
▸ Infektionsschutzgesetz
▸ Pädagogisches Konzept
▸ Fragebogen zur Eingewöhnung
▸ Was braucht das Kind in der Einrichtung (Regenzeug, Hausschuhe, Zahnbürste, Wechselwäsche, ggf. Windeln, Pflegeprodukte usw.)

In dem darauf folgenden individuellen Aufnahmegespräch geht es um das jeweilige Kind.

Deshalb werden hier die Familien einzeln eingeladen. Dieser Termin kann am Kennenlernnachmittag von der Erzieherin mit den Eltern verabredet werden oder die Erzieherin ruft die Familie an, um einen Termin abzusprechen. Natürlich kann die Erzieherin auch einen Termin festsetzen und die Eltern schriftlich dazu einladen. Während des individuellen Aufnahmegespräches werden notwendige Informationen bezüglich des Krippen-/Kita-Alltages und des Kindes ausgetauscht. Zum Beispiel, was das Kind (nicht) mitbringen soll, womit das Kind besonders gern spielt, wie das Einschlafritual aussieht, hat das Kind Allergien. Im Folgenden ist jeweils ein Fragebogen für die Krippe und die Kita aufgenommen. Die ausgefüllten Bogen werden im Portfolio des Kindes abgeheftet.

Insbesondere bei Krippenkindern ist dieses Gespräch sehr ausführlich und von großer Bedeutung. Das Kind ist noch so klein, dass es sich nicht oder nicht ausreichend verbal verständlich machen kann. Deshalb müssen viele Informationen vorher zwischen den Eltern und der Erzieherin ausgetauscht werden. Als Grundlage für dieses Gespräch hat sich der Fragebogen zur Eingewöhnung bewährt. Er ist notwendigerweise sehr viel ausführlicher, als der für die älteren Kita-Kinder. Den Fragebogen erhalten die Eltern auf dem Kennenlernnachmittag mit der Bitte, ihn zu Hause auszufüllen und zum individuellen Aufnahmegespräch mitzubringen. Die Erzieherin, die das Kind eingewöhnt, bespricht den Bogen mit den Eltern.

Dieses erste individuelle Gespräch mit der Familie ist eine sehr gute Gelegenheit für die Erzieherin, den Eltern durch Professionalität Sicherheit und Vertrauen zu vermitteln. Indem die Erzieherin gut vorbereitet ist und selbstsicher bei dem Gespräch auftritt, kann sie den Eltern deren Unsicherheiten und eventuelle Ängste oder Sorgen mindern. Insbesondere Eltern, die ihr erstes Kind in die Krippe geben, machen

Abb. 17: Wir geben keine Ratschläge

sich viele Gedanken darüber, ob sie das Richtige tun, ob die Erzieherin mit ihrem Kind zurechtkommt (Erkennt sie, wenn mein Kind müde ist, Angst hat? Kann sie es trösten?), ob sie selbst und das Kind die Erzieherin sympathisch finden, wie sie selbst und das Kind die Trennung verkraften usw. Es beruhigt die Eltern, wenn sie einer Erzieherin begegnen, die in ihren Aussagen eindeutig und sicher in ihrem Auftreten ist, die Zuverlässigkeit und Wärme ausstrahlt, die evtl. bereits Erfahrungen gesammelt hat, von denen sie berichten kann, die Kompetenz und Einfühlungsvermögen besitzt.

Haben die Eltern Vertrauen zu der Erzieherin gewonnen, gehen sie mit einem guten Gefühl aus dem Gespräch und es fällt ihnen leichter, das Kostbarste, was sie haben - ihr Kind -, in Ihre Obhut zu geben.

Fragebogen zur Vorbereitung der Eingewöhnung von Krippenkindern

Datum: _____

Name des Kindes: _____ Geburtsdatum:_____

Anschrift: _____

Telefon privat: _____ dienstlich: _____

Im Notfall zu benachrichtigen: _____

Betreuungszeiten: Mo:_____ Die:_____ Mi:_____ Do:_____ Fr:_____

Bezugserzieherin: _____ _____

Eingewöhnender Elternteil: _____

Beginn der Eingewöhnung: _____

1. DIE EINGEWÖHNUNG

1.1   Haben Sie unser Konzept zur Eingewöhnung gelesen?

1.2   Haben Sie noch Fragen dazu?

2. FAMILIÄRES UMFELD

2.1   Wer gehört zur Familie Ihres Kindes? _____

2.2   Wer sind die Hauptbezugspersonen Ihres Kindes? _____

2.3   Wie alt sind die Geschwister? _____

2.4   Welche Sprache wird zu Hause gesprochen? _____

→

2.5 Kulturelle Besonderheiten

– Welcher Religion gehören Sie an? _____

– Welche Feste usw. sind wichtig? _____

– Gibt es Speisen, die Ihr Kind nicht essen soll? _____

3.3 Ist Ihr Kind zurzeit belastet durch Veränderung seiner Lebenssituation
(z.B. Umzug, Geburt eines Geschwisterkindes, Trennung der Eltern o. Ä.) ? _____

3. ENTWICKLUNGSSTAND

3.1 Stand der Sauberkeitserziehung
– Haben Sie mit der Sauberkeitserziehung bereits begonnen? Wenn ja, wann und wie?_____

_____

– Benutzt Ihr Kind die Toilette oder den Topf? _____

– Braucht es Hilfe dabei? _____

– Sagt/zeigt Ihr Kind, wenn es muss? _____

– Welche Ausdrücke benutzt Ihr Kind dafür? _____

– Gibt es hierbei ein Ritual?_____

– Wie/wo wird Ihr Kind zu Hause gewickelt? _____

– Lässt es sich problemlos wickeln? _____

3.2. Zahnpflege

– Ist Ihr Kind an eine Zahnbürste gewöhnt?_____

– Welches Ritual gibt es beim Zähneputzen? _____

3.3 Sprachentwicklung

– Welche Worte versteht Ihr Kind? _____

– Welche Worte spricht Ihr Kind? _____

– Spricht es Ein- oder Mehrwortsätze? _____

→

– Spricht Ihr Kind deutlich? _____

– Gibt es „Wortschöpfungen", die wir nicht verstehen, die aber für uns von Bedeutung sind? _____

_____

3.4 Sozialverhalten

– Hat Ihr Kind Kontakt zu anderen Kindern? _____

– Welche Erfahrungen hat Ihr Kind mit anderen Kindern z.B. in der Krabbelgruppe? _____

3.5 Motorische Fähigkeiten

– Kann Ihr Kind krabbeln/robben? _____

– Kann Ihr Kind alleine sitzen? _____

– Läuft es sicher/unsicher? _____

– Kann Ihr Kind Treppen steigen? _____

3.6 Entwicklungsverlauf

– Gibt es Besonderheiten im bisherigen Entwicklungsverlauf Ihres Kindes? _____

– Gab es Besonderheiten während der Schwangerschaft/bei der Geburt? _____

– Wurden unterstützende Therapien in Anspruch genommen? _____

– Müssen wir diesbezüglich etwas besonders beachten im Umgang mit Ihrem Kind? _____

4. TRENNUNGSERFAHRUNGEN

4.1 Bisherige Betreuungsformen außerhalb der Familie? Z.B. durch die Oma, Babysitter.

– Wie oft wird Ihr Kind fremdbetreut? _____

– Wie lange bleibt Ihr Kind dort? _____

– Gab es Probleme? _____

4.2 Krankenhausaufenthalte und/oder Kuren des Kindes?

– Wann und wie lange? _____

– Gab es dabei Besonderheiten? _____

→

5. GEWOHNHEITEN UND VORLIEBEN

5.1 Begrüßung und Abschied

– Kennt Ihr Kind bestimmte Begrüßungs- und/oder Abschiedsrituale? _____

5.2 Spielzeug

– Hat Ihr Kind ein Lieblingsspielzeug? _____

– Wie nennt es sein Lieblingsspielzeug? _____

5.3 Essen und Trinken

– Wird Ihr Kind noch gestillt? _____

– Braucht es spezielle Babynahrung? _____

– Gibt es Speisen/Getränke, die Ihr Kind ablehnt? _____

– Gibt es Lieblingsspeisen/-getränke? _____

– Verträgt Ihr Kind bestimmte Nahrungsmittel nicht (Allergien)? _____

– Wie zeigt/sagt Ihr Kind, wenn es hungrig/durstig ist? _____

– Wo isst Ihr Kind zu Hause? (Hochstuhl, auf dem Schoß…) _____

5.4 Schlafgewohnheiten

– Schläft Ihr Kind tagsüber? _____

– Wenn ja, in welchem Rhythmus? _____

– Wo schläft es? (Bett, Buggy usw.) _____

– Schläft Ihr Kind lieber im Dunklen oder im Hellen? _____

– Gibt es ein „Zubettgeh-Ritual"? _____

– Woran erkennen Sie, dass Ihr Kind müde ist? _____

5.5 Angst und Trauer

– Wie drückt Ihr Kind Trauer oder Angst aus? _____

– Was hilft Ihrem Kind, wenn es trauert/ängstlich ist? (z.B. Schmusetuch…) _____

– Gibt es Dinge (Situationen), vor denen Ihr Kind Angst hat? _____

→

6. KRANKHEITEN

6.1 Ist Ihr Kind häufig krank? Ist es anfällig für bestimmte Krankheiten? _____

6.2 Welche Krankheiten hat Ihr Kind schon gehabt? _____

6.3 Welche Impfungen hat Ihr Kind erhalten? _____

7. BRINGEN & ABHOLEN DURCH ANDERE PERSONEN

7.1 Welche Personen außer Ihnen dürfen Ihr Kind bringen und abholen? _____

7.2 Name und Telefonnummern dieser Personen _____

8. WÜNSCHE & ÄNGSTE DER ELTERN

8.1 Gibt es Dinge, die Sie bedrücken oder über die Sie sich freuen, wenn
Sie an die Aufnahme Ihres Kindes in der Krippe denken? _____

_____

8.2 Haben Sie noch Fragen oder Wünsche? _____

_____

9. WAS IHR KIND IN DER KRIPPE BRAUCHT. Bitte mitbringen!

❑ ein Übergangsobjekt (Schmusetuch)

❑ Windeln und Pflegeprodukte

❑ Wechselkleidung

❑ Matschhose und Gummistiefel

❑ Hausschuhe oder Stoppersocken

❑ ggf. Schlafsack

❑ _____

❑ _____

**Wir bitten Sie, diesen Bogen auszufüllen und zum ersten Eingewöhnungstag
mitzubringen. Herzlichen Dank!**

Fragebogen Kita

Datum: _____

Name des Kindes: _____ Geburtsdatum: _____

Anschrift: _____

Telefon privat: _____ dienstlich: _____

Im Notfall benachrichtigen: _____

Bezugserzieherin: _____

Eingewöhnender Elternteil: _____

Beginn der Eingewöhnung: _____

Die Erzieherin stellt das Eingewöhnungskonzept des Hauses vor, diesbezügliche Fragen der Eltern werden geklärt.

– Welche Sprache wird zu Hause gesprochen? _____

– Welche kulturellen Besonderheiten sollten wir wissen? _____

_____

– Hat Ihr Kind Allergien? _____

_____

– Darf das Kind etwas nicht essen? _____

_____

– Gibt es Besonderheiten in der Entwicklung des Kindes? _____

– Ist Ihr Kind Kontakt zu anderen Erwachsenen, anderen Kindern gewöhnt? _____

_____

– Gibt es Abschiedsrituale, die wir übernehmen sollten? _____

_____

→

– Hat Ihr Kind ein Lieblingsspielzeug und ein Übergangsobjekt (z.B. Kuscheltier, Schmusedecke)?

_____

– Was isst Ihr Kind besonders gern, was lehnt es ab? _____

– Geht Ihr Kind auf die Toilette (mit oder ohne Begleitung)? _____

– Kann Ihr Kind sich die Zähne putzen? _____

– Kennt Ihr Kind bereits Kinder aus der Kita? _____

– Welche Impfungen hat Ihr Kind erhalten? _____

_____

– Wer darf Ihr Kind abholen bzw. auf keinen Fall abholen? _____

_____

– Was wünschen Sie sich für Ihr Kind in unserer Kita? _____

_____

– Bitte lassen Sie folgende Sachen für Ihr Kind in der Kita:

❏ Gummistiefel

❏ Regenzeug

❏ Hausschuhe

❏ Wechselwäsche

❏ _____

❏ _____

❏ _____

❏ _____

❏ _____

❏ _____

10. Das Entwicklungsgespräch

Gespräche in der Krippe

Entwicklungsgespräche finden in der Krippe zweimal jährlich, in der Kita meistens einmal jährlich statt. In der Krippe bietet es sich an, das erste Entwicklungsgespräch nach der Eingewöhnung im Herbst, also im Oktober/November zu führen. Das zweite findet in der Regel im April/Mai statt. Das zweite Gespräch können Sie anhand von Entwicklungstabellen, z.B. von Kuno Beller, vorbereiten. Diese haben den Vorteil, dass sie den Blick auf die Fähigkeiten lenken, ohne diese an ein genau festgelegtes Alter zu binden. Die Entwicklungsschritte sind bestimmten Entwicklungsphasen zugeordnet und lassen somit einen angemessenen Spielraum, diese zuzuordnen.

Gespräche in der Kita

Insgesamt ist es wichtig, den Blick immer auf die Kompetenzen des Kindes zu richten. Zeigt das Kind signifikante Entwicklungsverzögerungen, die ein Handeln im Sinne von unterstützenden Hilfsangeboten (Ergotherapie, psychologische Beratung, Krankengymnastik, Logopädie usw.) nötig machen, müssen die Eltern natürlich darauf hingewiesen werden, damit eine adäquate Unterstützung eingeleitet werden kann. In diesem Fall ist es notwendig, die Entwicklungsverzögerungen des Kindes eindeutig und sachlich durch gezielte Beobachtungen erläutern zu können, ohne die Ressourcen und sämtliche Fähigkeiten aus dem Blick zu verlieren. Denn bei den Fähigkeiten des Kindes setzt die Unterstützung an. Eltern lieben ihr Kind und sehen es natürlicherweise mit anderen Augen als jemand, der das Kind von außen wahrnimmt. Deshalb ist es wichtig, Entwicklungsverzögerungen oder Verhaltensauffälligkeiten sachlich und ruhig zu benennen. So fällt es Eltern leichter, die „schlechte" Nachricht aufzunehmen, zu akzeptieren und unterstützende Maßnahmen einzuleiten. Undenkbar sind Bemerkungen wie: „Das sollte Ihr Sohn eigentlich schon lange können/wissen."

„Also, alle anderen Kinder in seinem Alter, sogar jüngere in meiner Gruppe sind schon lange trocken! Das ist nicht normal, dass er noch Windeln trägt." „Finden Sie es denn nicht auch merkwürdig, dass Ihre Tochter noch nicht mit Besteck essen kann?!" „Naja, so langsam sollte Nadine aber schon zu Laufen beginnen, da tut sich ja gar nichts." Auch wenn die Bewertung vordergründig versteckt zu sein scheint, so ist sie doch deutlich spürbar. Sätze solcher Art sind abwertend und vergleichend und verletzen die Eltern. Auf diese Weise kann ein Entwicklungsgespräch nicht professionell und effizient durchgeführt werden.

In der Kita finden die Gespräche sinnvollerweise (für einige Kinder vor der Einschulung) ebenfalls im Mai statt. Die Termine richten sich sowohl nach den Arbeitszeiten (soweit möglich) der Erzieherin als auch nach den Arbeitszeiten der Eltern. Es sollte mindestens eine Stunde pro Gespräch eingeplant werden. Davon ist eine halbe bis Dreiviertelstunde für das Gespräch mit den Eltern anzusetzen. Die restliche Zeit wird für die Reflexion bzw. Vorbereitung auf das nächste Gespräch genutzt. Die Fragen bzw. Inhalte werden vorher schriftlich fixiert. Während des Gesprächs ergänzt die Erzieherin diese Ausführungen. Das Protokoll wird dann im Portfolio des Kindes abgeheftet. Es gibt verschiedene Möglichkeiten, die Termine anzusetzen:

▸ als Elternsprechtag: Dazu wird eine Liste mit Terminen ausgehängt. Die Eltern tragen sich dann ein, wann es ihnen am besten passt.

▸ als individuell abgesprochener Termin nach den zeitlichen Möglichkeiten der Erzieherin und der Eltern

▸ zur Auswahl: Die Erzieherin bietet an mehreren Tagen Termine, z.B. frühmorgens beim Bringen der Kinder oder am Nachmittag beim Abholen der Kinder, an. Es hängt eine Liste aus, in die sich die Eltern eintragen.

Fragebogen für ein Entwicklungsgespräch

Name des Kindes: _____ geb. am: _____

heutiges Datum: _____

Name der Erzieherin: _____

Name der Eltern: _____

Ist Ihr Kind gut in der Krippe/Kita eingewöhnt?
– Fühlt es sich wohl?
– Hat es Freunde gefunden?
– Kommt es gerne in die Krippe/Kita?
– Hat es die Erzieherin akzeptiert?

Eltern: _____

_____

_____

Erzieherin: _____

_____

_____

Auf welchem Entwicklungsstand ist Ihr Kind?
– Was kann es besonders gut, was macht es gern?
– Was mag es gar nicht?
– Wo braucht es noch Unterstützung?

Eltern: _____

_____

_____

Erzieherin: _____

_____

_____

→

Welche Entwicklungsziele wünschen wir uns für Ihr Kind?

Eltern: _____

_____

_____

Erzieherin: _____

_____

_____

Was möchten die Eltern über die pädagogische Arbeit in der Einrichtung wissen?
Tagesablauf, Essenssituation, Abschiedssituation

Eltern: _____

_____

_____

Was möchte die Erzieherin über das Kind in seiner häuslichen Umgebung erfahren?
– (Wie) Hat sich der Aufenthalt in Krippe/Kita auf das Verhalten des Kindes ausgewirkt?
– Hat sich der Tagesablauf verändert?

Erzieherin: _____

_____

_____

_____

_____

_____

_____

_____

_____

11. Das Konfliktgespräch

In Krippe oder Kita gibt es immer wieder Konflikte oder Missverständnisse zwischen Eltern und Erzieherin. In solchen Situationen ist es wichtig, dass die Erzieherin ruhig bleibt, sich nicht persönlich angegriffen fühlt und die Ursache des Problems ermittelt. Dies ist nicht immer ganz leicht, aber der einzige Weg, den Konflikt zu klären. Fühlt sich die Erzieherin persönlich angegriffen (Beziehungsebene siehe Kapitel 5.2), kann sie nicht mehr sachlich reagieren, fällt vielleicht in ihr vertrautes Stresskommunikationsmuster (siehe Kapitel 5.1) und verschärft ungewollt den Konflikt.

Sicher ist es manchmal schwer, ruhig und sachlich zu bleiben. Denken Sie immer daran, dass Sie der Profi in Kommunikation sind und die Eltern meistens nicht. Wenn Sie versuchen, sich in die Eltern hineinzufühlen und zu verstehen, worum es ihnen im Grunde geht, fällt es Ihnen leichter, angemessen zu reagieren. Überprüfen Sie die Aussage der Eltern anhand des Kommunikationsquadrates (siehe Kapitel 5.2): auf welcher Ebene senden sie ihre Botschaft, auf welchem Ohr hören Sie selbst die Botschaft? Das hilft Ihnen, evtl. Angriffe der Eltern anders wahrzunehmen, mit Distanz zu hören und nicht persönlich zu nehmen.

Beschweren sich Eltern, wie bei dem Morgenkreis-Beispiel mit Max (siehe Seite 25) ist aktives Zuhören (siehe Kapitel 6) wichtig, um die Hintergründe herausfinden zu können. Lässt sich die Beschwerde dann nicht zufriedenstellend klären, verabredet man ein Gespräch, bei dem in Ruhe über alles gesprochen werden kann. Manche Konflikte können gleich – abseits der Kinder – gelöst werden, z. B. indem ein Missverständnis geklärt wird.

Besonders in Konfliktsituationen ist es wichtig, bei sich zu bleiben und in Ich-Botschaften (siehe Kapitel 12) zu sprechen. Reden Eltern z. B. in

unangemessenem Ton mit Ihnen, können Sie sagen: „Gerne spreche ich mit Ihnen über das Problem/höre ich mir Ihre Beschwerde an. Können wir das in Ruhe im Nebenraum besprechen?" oder: „Gerne spreche ich mit Ihnen über das Problem/höre ich mir Ihre Beschwerde an. Ich möchte aber nicht, dass Sie mich so angreifen/anfahren/anschreien. Können Sie mir bitte in Ruhe erklären, worum es genau geht?

Ein Elterngespräch, in dem Sie den Eltern mitteilen müssen, dass ihr Kind entwicklungsverzögert oder auffällig ist, wird manchmal als Konfliktgespräch bezeichnet oder empfunden. Dies vor allem, wenn die Erzieherin den Eindruck hat, dass die Eltern der Überzeugung sind, mit ihrem Kind ist alles in bester Ordnung. Dann muss sie mit Widerstand und ungenügender Kooperation bezüglich unterstützender Maßnahmen für das Kind rechnen. Bereiten Sie sich gut vor (siehe Kapitel 7). Wenden Sie Ihr Wissen aus diesem Buch an und bedenken Sie die Grenzen, die ein solches Gespräch hat (siehe auch Kapitel 1), dann wird das Gespräch positiv verlaufen.

Versuchen Sie nicht, den Eltern Ihre eigene Wahrnehmung bzw. Beobachtung des Kindes aufzuzwingen, es wird nicht gelingen. Gleichwohl teilen Sie den Eltern Ihre Einschätzung und Ihre Handlungsempfehlung mit, ohne diese davon überzeugen zu wollen. Das Wort „überzeugen" sagt es schon: Etwas, das „über" ist, ist zu viel, es ist drüberweg. Es wäre also eine Überzeugung und keine Einsicht, oder sogar Akzeptanz, ohne die eine Veränderung unmöglich ist.

Mit einer systemischen Gesprächsführung als Grundhaltung ist die Erzieherin in nahezu jedem Gespräch, in jedem Kontakt den Eltern gegenüber wertschätzend, zugewandt und offen interessiert. Sie bleibt bei sich, greift die Eltern nicht an und kann so auch in Konfliktsituationen professionell reagieren. Und gelingt dieses einmal nicht, gibt es immer eine zweite Chance und

Wir sind die Profis!

die Erzieherin kann die Eltern am nächsten Tag noch einmal ansprechen und so eine Klärung herbeiführen. „Guten Morgen Frau Meier. Sie haben mich gestern angesprochen. Ich war etwas gestresst und überrascht von Ihrem Anliegen, deshalb habe ich etwas überreagiert. Das tut mir leid. Ich habe inzwischen darüber nachgedacht und denke, dass das Problem schwer zwischen Tür und Angel zu klären ist. Sind Sie einverstanden, wenn wir uns am Montagnachmittag zusammensetzen und in Ruhe darüber reden?"

Neutrale Person

Verhärtete Fronten

Manchmal schwelt ein Konflikt schon länger und die Fronten sind verhärtet. Beide Seiten haben sich übereinander geärgert, sind sich vielleicht schon verletzend begegnet. Dann kann man nicht mehr wirklich wertschätzend miteinander reden. Die nötige professionelle Distanz ist verloren und beide Parteien fühlen sich persönlich angegriffen. Auch dann muss die Initiative zur Klärung von der Erzieherin ausgehen, weil sie der Profi ist. Dann ist es unumgänglich, dass eine neutrale Person, z. B. die Leiterin der Kita, das Gespräch mit der Erzieherin vorbereitet und an dem Gespräch teilnimmt.

Beispiele für Konflikte gibt es so viele, wie es Menschen gibt, deshalb stelle ich hier keines dar. In den einzelnen Kapiteln finden sich Anregungen für Konflikte aller Art.

12. Ich-Botschaften – Du-Botschaften

„Immer kommst du zu spät!", „Nie räumst du auf!" Dieses sind sogenannte Du-Botschaften. Sie sind oft abwertend und greifen die andere Person an. Auf Vorwürfe reagieren Menschen mit einer Abwehrhaltung, sie ziehen sich zurück und versuchen, sich zu verteidigen, eine fruchtlose Diskussion entsteht, die wahrscheinlich in einem Streit endet. Die Du-Botschaften beginnen nicht immer mit einem Du. Auch diese Aussage ist vorwurfsvoll und anklagend: „Es ist schlecht für Ihr Kind, wenn Sie immer zu spät in die Kita kommen."

Sprechen wir in der Ich-Form mit einem Menschen, greifen wir nicht an und sind ebenfalls nicht angreifbar. Dadurch, dass wir mit Ich-Botschaften zum Ausdruck bringen, wie es uns geht, machen wir dem anderen keinen Vorwurf. Er muss sich demzufolge nicht rechtfertigen oder als Abwehrreaktion uns angreifen. Worte wie „immer", „wieder" und „nie" sind zu vermeiden, weil sie verallgemeinern, auf zurückliegende Ereignisse anspielen und den Gesprächspartner angreifen.
Bezüglich des Kommunikationsquadrates (vgl. Kapitel 5.2) äußern wir uns auf der Selbstoffenbarungsebene.

Beispiel für eine Ich-Botschaft:
Ein Kind kommt eine Stunde später als verabredet nach Hause. „Ich bin froh, dass du da bist! Ich habe mir Sorgen gemacht und mich darüber geärgert! Ich finde es wichtig, dass du pünktlich bist, weil ich mich auf dich verlassen möchte!"

Solche Botschaften werden „Ich-Botschaften" genannt. Es ist wichtig, die echten, ehrlichen Gefühle zu benennen. Es ist sinnlos und kontraproduktiv, wenn Gefühle vorgetäuscht werden,

um eine Du-Botschaft als vermeintliche Ich-Botschaft zu äußern. Der Gesprächspartner empfindet die Diskrepanz und reagiert auf der Beziehungsebene.

Beispiel für eine Du-Botschaft:
Der Mann kommt zwei Stunden später als verabredet nachts nach Hause. Sie sagt: „Ich konnte nicht einschlafen, weil du nicht pünktlich nach Hause gekommen bist!"

Mit dieser Aussage wird ein Vorwurf gemacht, auch wenn sie mit „Ich" beginnt. Der Mann wird sich rechtfertigen und/oder seine Frau angreifen. „Ich stand im Stau. Ich kann ja schließlich nichts dafür, dass du nicht schläfst!" Kennt sich der Mann – glücklicherweise – mit Ich-Botschaften aus, könnte er die Situation entspannen, indem er antwortet: „Es tut mir leid, dass du nicht schlafen konntest. Hast du dir Sorgen um mich gemacht? Ich rufe dich nächstes Mal kurz an, wenn es später wird, o.k.?"

Wenn sich jemand unangemessen verhält, sollten Sie ihm sagen, um welches Verhalten es geht, wie Sie sich dabei fühlen, und welche konkreten Auswirkungen das beschriebene Verhalten auf Sie hat. Erinnern wir uns an das Morgenkreis-Beispiel und betrachten wir, wie die Mutter formuliert: „Ich habe Ihnen schon so oft gesagt, dass Max nicht ohne Schal raus darf! Gestern war er wieder ohne draußen. Das geht so nicht! Wie oft muss ich das denn noch sagen?" Die Mutter spricht in Du-Botschaften und greift die Erzieherin an, macht ihr Vorwürfe. Reagiert die Erzieherin nun mit Ich-Botschaften nimmt sie die Mutter ernst und bringt auf angemessene Weise ihre Meinung zum Ausdruck. „Ich sehe, Sie machen sich Sorgen um Max. Ich werde ihm heute den Schal umbinden. Ich möchte gern beim Abholen mit Ihnen darüber sprechen.

Im Moment habe ich dafür keine Zeit, weil wir im Morgenkreis sind."

Positiv formulieren

Das menschliche Gehirn kann das Wort „nicht" nicht verarbeiten. Die Aufforderung: „Denk bloß nicht ans Rauchen" oder „Denk bei deiner Diät nicht immerzu ans Essen" funktioniert nicht. Da das Gehirn „nicht" nicht wahrnimmt, wird nur Rauchen bzw. Essen registriert und somit das Gegenteil erreicht. Für alle Aufforderungen gilt: Positiv formulieren, sonst bleibt die Negativformulierung hängen.

> **Beispiel:**
> „Seid doch nicht so laut!"
> Besser: „Seid bitte leise."
> „Lass den Fernseher nicht ständig laufen!"
> Besser: „Mach den Fernseher nach deiner Sendung aus."

Selbsterfüllende Prophezeiung

Das kennen Sie vielleicht auch von der „sich selbst erfüllenden Prophezeiung". Durch eine negative Formulierung wird ein Ereignis vorhergesagt bzw. provoziert. Manchmal bringt man jemanden erst durch die Aussage auf die Idee, genau das zu tun, was er gerade nicht tun soll.

> **Beispiel:**
> Ein Junge klettert auf den Fenstersims. Ruft die Mutter: „Fall bloß nicht runter!", wird das Kind irritiert und erst darauf gebracht, dass es fallen könnte (dies hatte er bis dahin gar nicht vor). Noch extremer ist der Satz: „Pass auf, du fällst!" Damit fordert sie ihn nahezu auf, herunterzufallen. Sagt die Mutter ruhig: „Halt dich gut fest!", ist dies eine positive Verstärkung.

Achten Sie auf nonverbale Sprache (Mimik, Gestik). Wenn Ihnen dabei Unstimmigkeiten auffallen (Ihr Gegenüber sagt lächelnd: „Ich bin so wütend"), benennen Sie es z.B. mit den Worten: „Mich macht gerade stutzig, dass Sie sagen, sie seien wütend, aber Sie lächeln dabei freundlich" oder: „Ich habe das Gefühl, da stimmt etwas nicht, weil Sie das so freundlich sagen". Oder: „Könnte es sein (Ich habe das Gefühl, dass...), dass Sie das zwar so sagen, aber anders empfinden?"

> **Ü Übung 12:**
>
> Formulieren Sie folgende Sätze in Ich-Botschaften um:
> ▸ „Du bist – wie immer – zu spät!"
> ▸ „Nie räumst du deine Sachen weg, immer muss ich das machen!"
> ▸ „Wenn Sie es nicht schaffen, Florian früher in die Kita zu bringen, wird er sich nie in die Gruppe integrieren."
>
> **Übung 13:**
>
> Formulieren Sie folgende Sätze in positive Aussagen um:
> ▸ „Dass du mir ja nicht den Fernseher an machst."
> ▸ „Lass die Schüssel nicht fallen!"
> ▸ „Mach nicht schon wieder in die Hose."
> ▸ „Schneide dir nicht in den Finger."
> ▸ „Sei leise und wecke nicht die anderen Kinder auf."

ZUSAMMENFASSUNG

– Du-Botschaften werten ab, greifen an und verhindern ein konstruktives Gespräch.
– Mit Ich-Botschaften bleibt der Sprecher bei sich.
– Das Wort „nicht" wird nicht registriert, deswegen Aufforderungen positiv formulieren.

13. Fragetechniken

Für die Gesprächsführung gibt es verschiedene Fragetechniken. Bei der Vorplanung des Gesprächs (siehe Kapitel 7.2) wird das Ziel herausgearbeitet. Hieraus ergeben sich die geeigneten Fragetechniken, um das Ziel des Gesprächs möglichst effizient zu erreichen. Mit dem gezielten Einsatz bestimmter Fragen beeinflussen Sie das Gespräch in die gewünschte Richtung. Gesprächsführung heißt: die Führung des Gesprächs übernehmen. Dieses beinhaltet, das Gespräch in der Hand zu haben, es zu leiten und zu lenken. Sie können das Gespräch kurzhalten zum reinen Informationsaustausch oder es offen gestalten und die Eltern frei erzählen lassen.

Es ist hilfreich, sich vor dem Gespräch mit den Fragemöglichkeiten zu befassen und, insbesondere für den Beginn des Gesprächs, die geeignete auszuwählen. Um die unterschiedliche Wirkung zu erproben, bieten sich Rollenspiele an, in denen Sie mit der am Gespräch teilnehmenden Kollegin das Gespräch üben. Dabei werden Sie schnell die angemessenen, zum Ziel führenden Fragen herausarbeiten.

Im Zusammenhang mit Fragen ist ein Satz wichtig: „Hüte dich vor den Fragen, deren Antwort Du nicht wirklich hören willst."

Zum Beispiel: Auf die Frage: „Liebst du mich?" wollen Sie ein eindeutiges „Ja!" hören. Aber was ist, wenn dies nicht als Antwort kommt? Das bedeutet für das Elterngespräch: Überlegen Sie sich, wie weit Sie in die Familiengeschichte, Eheprobleme usw. einsteigen wollen oder können. Wo ist die Grenze Ihrer Möglichkeiten und Kompetenzbereiche in der Krippe oder Kita erreicht? Überlegen Sie sich vor dem Gespräch, ob und welche weiterführenden Hilfs- bzw. Unterstützungsangebote Sie machen können, z. B. Ergotherapie, Psychotherapie, Erziehungsberatungsstelle, Logopädie (Tipp: Telefonnummern und Adressen bereit-

halten). Daraus folgt, dass Sie für bestimmte Situationen geschlossene Fragen einsetzen, um den Gesprächsrahmen zu begrenzen.

Gespräche leiten

13.1 Die offene Frage

Offene Fragen motivieren zum Nachdenken, Mitdenken und Sprechen. Sie fördern ein offenes Gespräch, weil sie wenig vorgeben und keine Vorschläge, sondern maximal eine Richtung anbieten. Sie ermöglichen freie Formulierungen bei der Antwort. Sie sind besonders gut zu Beginn des Gesprächs als Einleitung geeignet. Die Eltern können in der Gesprächssituation „ankommen", entspannen sich, wenn sie erst mal erzählen können, was und wie weit sie selber möchten. Sie bestimmen die Ausführlichkeit, mit der sie das Thema artikulieren, und können ihre eigene Meinung zum Ausdruck bringen.

Gesprächsbeginn

Offene Fragen sind „W-Fragen", weil Fragewörter mit W beginnen: Was, Wie, Wann, Welche, Wo, Wodurch usw. Als einziges Fragewort fällt „Warum" heraus. Mit der Frage nach dem Warum (Warum ist das passiert, warum haben Sie so gehandelt…?) bringen Sie Ihren Gesprächspartner meistens in die Rechtfertigungsposition. Ein offener Gesprächsverlauf ist dann nicht mehr möglich. Das Gespräch wird stocken, Ihr Gegenüber zieht sich zurück.

Frage nicht: Warum?

Das kennen wir von uns selbst. Zum Beispiel: Sie haben einen Fehler gemacht. Das wissen Sie selbst am besten. Fragt Sie jemand: „Warum hast du das gemacht?", fühlen Sie sich unter Druck gesetzt, werden sich rechtfertigen, vielleicht etwas „schönreden". So kann kein gutes Gespräch entstehen, Sie werden versuchen auszuweichen. Werden Sie hingegen gefragt: „Was ist passiert?", ohne einen Vorwurf zu hören, können Sie ohne Druck antworten. Fragen Sie: „Was ist passiert?" oder: „Wie ist das passiert?". Dann kann Ihr Gegenüber frei erzählen, wie er den Vorfall erlebt hat. Er oder sie muss keine Begründung (Rechtfertigung)

Grenzen

suchen und fühlt sich frei zu erzählen, was vorgefallen ist.

> **Beispielfragen:**
> ‣ Was ist passiert?
> ‣ Wie haben Sie das erlebt?
> ‣ Wie stellt sich das Problem oder Thema aus Ihrer Sicht dar?
> ‣ Was ist die Meinung Ihres Mannes dazu?
> ‣ Welche Möglichkeiten wären denkbar?
> ‣ Wann ist das passiert?
> ‣ Kennen Sie das Gefühl (Ihres Kindes)?
> ‣ Was hat Ihnen damals geholfen?
> ‣ Was war anders an diesem Tag?
> ‣ Wann ist das (problematische) Verhalten nicht aufgetreten?
> ‣ Wie hat Ihr Kind die Situation erlebt?
> ‣ Wie sieht Ihr Tagesablauf aus?
> ‣ Womit fängt Ihr Tag an? Womit beginnt der Tag Ihres Kindes?
> ‣ Wo sehen Sie das Hauptproblem?
> ‣ Was ist für Sie dabei besonders schwierig?
> ‣ Was stört Sie an diesem Verhalten?

13.2 Die geschlossene Frage

Klärung eines Sachverhaltes

Die geschlossene Frage dient eher der Klärung eines Sachverhalts. Sie bringt kein Gespräch in Gang, weil sie meist mit Ja oder Nein zu beantworten ist. Für den Gesprächsbeginn ist sie nicht geeignet. Diese Frageform schließt freies Sprechen zu einem Thema nahezu aus.

Hüte dich vor den Fragen, deren Antwort du nicht hören willst

> **Beispielfragen:**
> ‣ Meinen Sie damit die Schule...?
> ‣ Kommen Sie morgen um 8.00 Uhr?
> ‣ Möchten Sie einen Gesprächstermin?
> ‣ Gehört der Pulli Ihrem Sohn?
> ‣ Holen Sie Ihren Sohn ab?

13.3 Die Alternativfrage

Die Alternativfrage gibt zwei Antwortmöglichkeiten vor. Werden Eltern beispielsweise gefragt: „Sollen wir das Gespräch bei Ihnen zu Hause oder in der Einrichtung führen?", setzen Sie als Fragende voraus, dass das Gespräch überhaupt stattfindet. Wollen Sie den Eltern die Wahl lassen, ob sie ein Gespräch möchten, müssten Sie eine geschlossene Frage stellen: „Möchten Sie ein Gespräch führen?" Die Alternativfrage schließt weitere Möglichkeiten aus; es gibt nur die genannten, keine weiteren.

Diese Frage dient der Abklärung von Sachverhalten („Gehört der blaue oder der rote Pulli Ihrer Tochter?") und ist sinnvoll bei Terminabsprachen, wenn Sie sich nicht völlig nach den Eltern richten wollen. Fragen Sie die Eltern mit einer offenen Frage: („Wann haben Sie Zeit für ein Gespräch?"), müssen Sie den Terminwunsch der Eltern akzeptieren. Bieten Sie zwei Alternativen an, können die Eltern nur zwischen diesen beiden wählen. Damit haben Sie selbst als Fragende den größeren Einfluss auf den Zeitpunkt des Gesprächs. In diesem Fall sind weitere Möglichkeiten nicht erwünscht.

> **Beispielfragen:**
> ‣ Passt es Ihnen am Dienstag oder am Freitag besser?
> ‣ Möchten Sie den Termin vormittags oder nachmittags?
> ‣ Meinen Sie die „Bären-" oder die „Tigergruppe"?
> ‣ Welches Zeichen für Ihr Kind gefällt Ihnen besser: der Ball oder der Hund?

Die Alternativfrage ist manchmal ehrlicher als eine offene Frage. Gibt es nicht die freie Wahl, sondern nur zwei oder drei Alternativen, ist die offene Frage unfair. Ihr Gegenüber fühlt sich evtl. nicht ernst genommen, wenn Sie eine offene Frage stellen, aber tatsächlich z. B. nur zwei

Alternativen anbieten können. Manchmal wird die offene Frage gestellt, ohne dass sie wirklich ernst gemeint ist, denn die Fragende hat schon Antworten im Hinterkopf.

Beispiel:

Eine Mutter fragt ihre Tochter: „Was möchtest du zu Mittag essen?" Die Tochter antwortet: „Würstchen mit Pommes und Ketchup!" Die Mutter hatte dieses Essen nicht in der Auswahl und sagt zu ihr: „Das gibt es nicht, das ist ungesund." Die Tochter wird vermutlich maulen und sich denken oder sagen: „Warum hast du mich dann überhaupt gefragt?!"

Die Mutter kann stattdessen eine Alternativfrage stellen: „Es gibt Nudeln mit Tomatensoße oder Kartoffelauflauf. Was davon möchtest du gern essen?" Dann kann die Tochter sich für eines dieser beiden Gerichte entscheiden.

13.4 Die Suggestivfrage

Die Suggestivfrage ist eine Frage mit eingebauter Antwort. Sie unterstellt etwas und lässt kaum eine andere Antwort zu. Dadurch hemmt diese Frageart das Gespräch. Suggestivfragen beeinflussen den Gesprächspartner, was durchaus kritisch zu sehen ist. Sie sind keine wirklichen Fragen, weil sie dem anderen die eigene Meinung unterschieben wollen.

Empfindet der Befragte eine negative Unterstellung, kann das Gespräch dadurch schnell in gefährliche Bahnen gelenkt werden. Diese Frageart sollte ausschließlich eingesetzt werden, um Eltern bewusst etwas Positives zu unterstellen. Zum Beispiel: Sie sind der Meinung, dass einem Kind Ihrer Gruppe Logopädie guttun würde. Im Elterngespräch können Sie sagen: „Aus unserem Gespräch schließe ich, dass es Ihnen sicherlich auch wichtig ist, dass Maria vor der Schule ihre sprachlichen Fähigkeiten ausbaut?!"

Beispielfragen:

▶ Daran sind Sie doch sicherlich auch interessiert, oder?

▶ Wir wollen doch alle das Beste für Ihr Kind, daher melden Sie es doch bestimmt zum Kinderturnen an?

▶ Sie finden es doch auch wichtig, dass Ihr Kind sich in die Gruppe integriert?

▶ Sie sind immer so interessiert an unserem Gruppenalltag, sicher kommen Sie zu unserem Elternabend?

Ⓤ **Übung 14:**

Führen Sie ein Gespräch mit einer Kollegin oder Freundin und bleiben Sie konsequent bei einer vorher festgelegten Frageart. Dann wechseln Sie und Ihre Kollegin fragt Sie in einer Frageart. Anschließend besprechen Sie: Wie ging es mir als Befragte mit der geschlossenen Frage, mit der alternativen Frage usw.? Mit welcher Art zu fragen ging es mir am besten?
Alternativ: Überprüfen Sie sich im Alltag: Wie oft stellen Sie eine offene Frage, ohne dass es wirklich die freie Auswahl gibt? Schreiben Sie Fragen auf, die Sie stattdessen stellen können.

ZUSAMMENFASSUNG

– Offene Fragen ermöglichen viele nicht vorher festgelegte Informationen.

– Offene Fragen sollten nur dann gestellt werden, wenn wirklich alles zur Wahl steht.

– Mit Alternativfragen können Sie die Auswahl bewusst auf die von Ihnen gewählten Möglichkeiten reduzieren.

– Warum-Fragen vermeiden!

– Interpretationen sind immer als solche darzustellen und durch Nachfragen abzusichern.

Positives unterstellen

14. Das systemische Gespräch

Das systemische Fragen ist eine Methode, um in einem Elterngespräch neue Erkenntnisse und Informationen zu erhalten. Es geht darum, dass beide Seiten (Erzieherin und Familie) den Kontext des Systems (also Zusammenhänge, Werte, Grundsätze) besser verstehen und ggf. in Frage stellen. Beim systemischen Fragen handelt es sich um eine Art der Intervention.

In der Beschreibung des Problems offenbaren sich das Problem und seine Lösung. Das kennen Sie vielleicht: Sie wissen nicht so recht weiter und erzählen Ihr Problem einer Freundin. Während Sie Ihrer Freundin die Situation schildern, entdecken Sie einen Lösungsweg für sich und wissen auf einmal, was Sie tun müssen oder wollen.

Wichtiger als der Inhalt ist es, dass wir dem Prozess folgen. Oft ergeben sich während eines Gespräches neue Themen. Bedeutungen und Schwerpunkte verändern sich.

Beispiel:

Eine Mutter bringt ihre Tochter meistens erst lange nach dem Morgenkreis in die Einrichtung. Das Kind hat es schwer, in die Gruppe hineinzufinden. Die Orientierung für den Tag fand im Morgenkreis statt und fehlt ihr, die Spielgruppen haben sich bereits gebildet und sie muss nun versuchen, in den bestehenden Gruppen einen Platz zu finden. Das gelingt ihr manchmal nur schwer. Wird sie nicht aufgenommen, reagiert sie aggressiv und haut die Kinder. Diese wiederum wollen nun erst recht nicht mit ihr spielen. Im Elterngespräch möchte die Erzieherin die Mutter von ihren Darstellungen überzeugen, das Kind früher zu bringen.

Denkanstöße

Zu Beginn des Gesprächs fordert sie die Mutter auf, einen Morgen vom Aufstehen bis zur Ankunft in der Kita zu schildern. Die Mutter erzählt, dass es ihr schwerfällt, morgens früh aufzuste-

hen, außerdem trödelt ihre Tochter lange rum. Sie schildert den Ablauf ausführlich und dadurch fällt der Erzieherin auf, dass sie nicht versteht, warum es der Mutter so schwerfällt, morgens aufzustehen. Sie fragt nach, wie die Abende in der Familie aussehen. Es stellt sich heraus, dass die Mutter in einer Kneipe arbeitet und erst gegen 3.00 Uhr früh nach Hause kommt. Der Vater arbeitet im Schichtdienst. Sofort ist klar, dass sie ihre Tochter nicht um 7.00 Uhr weckt, um sie um 8.00 Uhr in die Kita zu bringen.

Wäre die Erzieherin bei dem inhaltlichen Thema „Das Zuspätkommen und die Folgen für das Kind und die Gruppe" geblieben, wäre das Gespräch erfolglos geblieben. Folgt sie dem Prozess, indem sie ihre Fragen und den Gesprächsverlauf den aktuellen Informationen anpasst, ergeben sich wichtige neue Erkenntnisse. Während des Gesprächs entwickeln sich andere Ziele und andere Handlungsoptionen als vorher geplant. In diesem Fall wurde zum Beispiel überlegt, ob eine andere Mutter die Tochter mit in den Kindergarten bringen kann: „Haben Sie oder Ihre Tochter zu einer anderen Familie aus unserer Gruppe einen engeren Kontakt? Können Sie sich vorstellen, dass diese Mutter Ihre Tochter an einzelnen vereinbarten Tagen mit in die Kita nehmen kann?" Manchmal kann der Vater das Kind nach der Nachtschicht in die Kita bringen. An den anderen Tagen kommt das Kind eben später. Die Erzieherin kennt nun die Hintergründe, hat dadurch Verständnis und unterstützt das Mädchen beim Ankommen in der Gruppe. Der unterschwellige Vorwurf der Erzieherin an die Mutter ist durch die neuen Informationen verschwunden.

Gemäß Watzlawicks Feststellung, dass wir nicht nicht kommunizieren können, geben unsere Fragen der Familie bereits Denkanstöße. Gezielt eingesetzte Fragen ermöglichen den Eltern einen neuen Blick auf das dargestellte Problem. Indem die Eltern z. B. aufgefordert werden, den Tagesablauf detailliert zu schildern, wird ihr

Blick auf Einzelheiten in ihrem Alltag gelenkt, die sie sonst gar nicht mehr wahrnehmen.

Mit unseren Fragen geben wir gleichzeitig Botschaften an die Eltern, indem wir den Fokus auf einen bestimmten Aspekt des Themas lenken. Nehmen Vater und Mutter an dem Gespräch teil, potenziert sich die Wirkung der Fragen, weil jeder die Frage für sich anders interpretiert und auch zumindest in Teilen unterschiedlich beantwortet.

Wichtig ist, beide am Gespräch teilnehmenden Eltern einzubeziehen. Das heißt, dass wir uns nicht nur auf einen (evtl. den vermeintlich leichteren) Elternteil konzentrieren. Ansonsten wird der andere sich innerlich zurückziehen und an der Lösung nicht weiter beteiligt sein und somit auch nicht an deren Umsetzung. Dies macht sich durch Unruhe, herumschweifende Blicke, Blicke zur Uhr, Blättern in Papieren usw. bemerkbar. Wird z. B. der Vater unaufmerksam, vielleicht weil die Mutter länger erzählt, können wir sagen: „Ich habe jetzt viel Interessantes von Ihnen

---

Beispielfragen:

▸ Was ist das Problem?

▸ Was hat Sie veranlasst, mich anzusprechen?

▸ Wer leidet am meisten unter dem Problem?

▸ Wie sieht Ihr Tagesablauf aus? Schildern Sie ihn bitte im Detail.

▸ Wann ist das von Ihnen beschriebene Verhalten zuletzt nicht aufgetreten?

▸ Was war anders in diesem Moment?

▸ Was wäre am nächsten Tag anders, wenn das Problem gelöst wäre?

▸ Wer würde als Erster bemerken, dass das Problem gelöst ist?

▸ Woran würde diese Person die Veränderung bemerken?

▸ Was muss heute hier passieren, damit Sie das Gespräch als erfolgreich werten?

 Übung 15:

Schreiben Sie drei Namen von Kindern aus Ihrer Gruppe auf, bei denen Sie ein Elterngespräch führen möchten. (Es muss nicht gleich ein schwerwiegendes Thema anstehen; es kann ein Entwicklungsgespräch sein).

Schreiben Sie für jedes Gespräch eine Eingangsfrage auf, wie Sie sie sonst gestellt hätten.

Notieren Sie die Antwort, welche Sie erwarten, sowohl der Mutter als auch des Vaters.

Formulieren Sie nun eine systemische Eingangsfrage und schreiben Sie wieder die erwarteten Antworten beider Eltern auf.

ZUSAMMENFASSUNG

– Systemische Fragen sind bereits eine Intervention.

– In der Beschreibung des Problems offenbart sich das Problem und die Lösung.

– Im Gespräch können sich neue Sichtweisen oder Schwerpunkte ergeben, wenn wir dem Prozess folgen.

gehört, mich würde interessieren, ob Sie als Vater das auch so sehen, so erlebt haben?"

14.1 Die zirkuläre Frage

Diese Fragetechnik hilft Ihnen und den Familienmitgliedern zu verstehen, wie die Eltern denken und wie die Beziehungsmuster der Familie aussehen. In einer Familie hat jeder zu jedem eine Beziehung. Und außerdem nimmt jeder die Beziehungen der anderen zueinander wahr und verhält sich entsprechend dazu.

Zunächst besteht das System aus einem Paar. Mann und Frau haben ihre Beziehung zueinander geregelt.

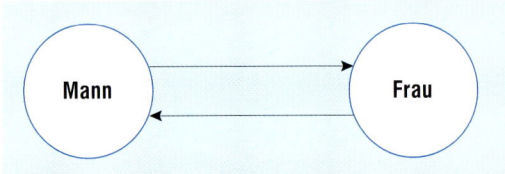

Abb. 18: Geregelte Paarbeziehung

Sie haben sich in ihren unterschiedlichen Lebensgeschichten und Erfahrungen kennengelernt und sich damit auseinandergesetzt. Sie haben ihre Werte und ihre Vorstellungen u. a. im Zusammenleben erfahren und sich aufeinander eingestellt. Wird ein Kind geboren, verändert sich die Beziehung. Aus der Zweisamkeit (Duade) wird eine Dreisamkeit (Triade). Das Beziehungsgeflecht vervielfacht sich. Aus dem Paar (Mann und Frau) werden Eltern. Sie sind immer noch Mann und Frau, Geliebter und Geliebte und nehmen sich zusätzlich als Papa und Mama wahr. Der Mann sieht seine Frau nun nicht mehr ausschließlich als Frau/Geliebte an, sondern sieht auch, wie sie als Mutter agiert. Außerdem registriert er, wie sie als Mutter mit ihm sowohl als Mann als auch als Vater umgeht. Ebenso verfährt natürlich die Frau und Mutter.

Verhalten der Familienmitglieder

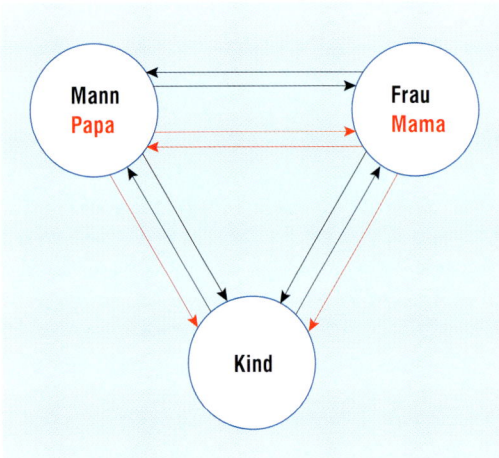

Abb. 19: Aus der Paarbeziehung werden Eltern

Durch ein weiteres Kind wird dieses Beziehungsgeflecht natürlich noch komplizierter, weil auch dann jeder jeden in allen Rollen bzw. Positionen wahrnimmt, z. B. nimmt der Vater die Beziehung zwischen Mutter und Sohn, zwischen Mutter und Tochter und zu ihm selbst wahr. Hinzu kommt, dass sich die Familienmitglieder zueinander verhalten. Durch sein Verhalten definiert jeder die Beziehung, welche er zu dem jeweiligen Familienmitglied hat.

Durch das zirkuläre Fragen können wir diese Beziehungsstrukturen kennenlernen. Dieses ist wichtig, um das System der Familie zu verstehen und daraus entsprechende Handlungsperspektiven ableiten zu können. Wir können erkennen, wer in der Familie „die Hosen anhat", also wer den Kurs in der Familie bestimmt. Das ist oft nicht, wie natürlicherweise erwartet, der Vater oder die Mutter. Oft genug ist es das Kind, welches die Führung übernommen hat und damit restlos überfordert ist.

Das Verhalten eines Familienmitgliedes wird von den anderen Familienmitgliedern wahrgenommen und hat eine Bedeutung für diese. Bei der zirkulären Frage werden die anderen gefragt, welche Bedeutung das Verhalten für sie hat, oder was sie glauben, welche Bedeutung es für ein weiteres Familienmitglied hat. So erfahren wir etwas über die Beziehungsstrukturen. Gleichzeitig wird den Gesprächsteilnehmern die Möglichkeit gegeben, das Geschehen aus einer anderen Perspektive (von außen) zu betrachten, und der Sender des angesprochenen Verhaltens erfährt, wie die anderen Familienmitglieder ihn wahrnehmen und was er womöglich an Reaktionen damit auslöst.

Mit dieser Art zu fragen holen wir gedanklich eine dritte Person hinzu und öffnen damit das Gespräch für andere Sichtweisen und bekommen neue Informationen. Das zirkuläre Fragen kann helfen, Missverständnisse aufzuklären.

Beispielfragen:

▸ Wie würde die Oma reagieren, wenn Ihr Kind sich so verhält?

▸ Was tut Ihr Mann, wenn sich Ihr Kind so verhält?

▸ Wie verhält sich Ihr Sohn, wenn sein Vater auf seine Weise reagiert?

▸ Wie würde die große Schwester ihren kleinen Bruder beschreiben?

▸ Was glaubst du, was dein Trödeln für deine Mama bedeutet?

▸ Für wen ist das Verhalten Ihres Kindes ein Problem?

▸ Wer würde es als Erster bemerken, wenn das, was Sie als problematisches Verhalten bezeichnen, nicht mehr auftritt?

▸ Was würde sich für Ihren Sohn verändern/verbessern, wenn er dieses Verhalten nicht mehr zeigen würde?

▸ Was würde sich für Ihren Mann ändern, wenn Ihr Sohn das von Ihnen unerwünschte Verhalten nicht mehr zeigen würde?

▸ Wer hätte am meisten davon, wenn das Problem nicht gelöst wird und alles so bleibt, wie es jetzt ist?

▸ Was würde Ihr Vater/Arzt/Vertrauensperson Ihnen raten zu tun?

▸ Wie würde Ihr Vater/Arzt/Vertrauensperson die Situation beschreiben?

▸ Was denken Sie, wie würde Ihr Vater/Arzt/Vertrauensperson in der Situation auf das Verhalten Ihres Kindes reagieren?

Nun können Sie als Erzieherin Vorschläge machen, aber wir wissen ja: Vorschläge sind auch Schläge. Stattdessen können Sie die Mutter fragen: „Wie würde Ihr Mann das Problem beschreiben?", „Wenn Ihr Sohn die Situation am Morgen beschreiben würde, was würde er sagen?". Durch diese Art zu fragen, erweitern Sie die Handlungsmöglichkeiten und vielleicht wird die Mutter entdecken, dass Jonathan dieses Verhalten nur bei ihr zeigt. Hätten Sie dies der Mutter direkt gesagt, hätte diese es als Bevormundung empfunden, als Kritik an ihrer Person und sie hätte es zurückgewiesen. Durch das zirkuläre Fragen konnte sie die Situation aus anderer Perspektive anschauen und von selbst zu dieser Erkenntnis kommen und auch akzeptieren. Sie kann erkennen, was der Vater in der Situation anders macht oder machen würde und dadurch die Problem nicht hat. Sie hat die Chance zu erkennen, womit sie das Verhalten ihres Sohnes ungewollt unterstützt, und kann evtl. so handeln wie ihr Mann.

ZUSAMMENFASSUNG

– Zirkuläres Fragen bringt den Familienmitgliedern und der Erzieherin Informationen über die Beziehungen in der Familie.

– Diese Art zu fragen gibt die Möglichkeit, das Problem aus einer anderen Sicht wahrzunehmen.

– Missverständnisse können u. U. aufgeklärt werden.

– Durch das zirkuläre Fragen kann die Familie sich „von außen" sehen. Durch diese neue Sichtweise ergeben sich Lösungen, die die Familie selbst erkennt.

14.2 Die Wunderfrage

Wenn eine Situation – ob in der Familie oder im Gespräch – verfahren ist oder festgefahren scheint, ist die Wunderfrage eine gute Möglichkeit, die Lage zu entspannen. Wenn wir fragen: „Was wäre tatsächlich möglich?" oder: „Was können Sie realistisch dazu beitragen, dass sich die Situation für Ihr Kind entspannt?", geraten die Eltern unter Druck. Sie haben schließlich schon alles, was ihnen möglich ist, was ihnen eingefallen ist, ausprobiert und sind offensichtlich nicht erfolgreich gewesen. Fragen wir aber: „Stellen Sie sich vor, durch ein Wunder ist das Problem beseitigt. Woran würden Sie/Ihr Partner/das Kind dies als erstes bemerken?"

Durch das „Wunder" ist klar, dass alles möglich ist, es muss keine realistische Lösung geben. Der Druck, für die Lösung verantwortlich zu sein, wird den Eltern genommen. Sie können frei fantasieren, träumen. Der Konflikt wird auf spielerische Weise entschärft und andere, vorher unmögliche (nicht sichtbare) Lösungen werden geträumt, angedacht. Meistens sind diese Ideen nicht weit von der Realität entfernt und gut umsetzbar.

Es ist wichtig, auf konkrete Antworten zu achten. Aussagen wie „Dann geht es uns besser" sind zu vage. Dann müssen wir zu konkreteren Aussagen auffordern, indem wir fragen: „Was ist dann anders?", „Wie sieht der nächste Morgen danach aus, durch was unterscheidet er sich von den vorherigen?"

Beispielfragen:

▸ Wenn durch ein Wunder über Nacht das Problem gelöst ist, wie sähe der nächste Morgen danach aus?

▸ Wenn durch ein Wunder über Nacht das Problem gelöst ist, wer würde das als Erster bemerken?

▸ Woran würde er es bemerken?

▸ Was wäre für Sie am nächsten Tag anders?

▸ Was wäre für Ihr Kind am Tag nach dem Wunder anders?

▸ Wie wäre die gleiche Situation ein Jahr nach dem Wunder?

ZUSAMMENFASSUNG

– Die Wunderfrage ermöglicht Lösungen, ohne dass sich jemand für deren Umsetzung verantwortlich fühlen muss.

– Der Blick auf ein Leben ohne das geschilderte Problem wird möglich.

Formulierungshilfen

Offene Fragen (zu 13.1)

– Was hat Sie bewegt, diesen Termin zu machen?
– Kennen Sie das Gefühl?
– Was hat Ihnen damals geholfen?
– Wer hat Ihnen damals gutgetan, Sie unterstützt?
– Können Sie sich vorstellen, Ihre Idee umzusetzen?
– Was brauchen Sie an Unterstützung, um Ihre Idee umzusetzen?
– Wer kann Sie unterstützen?
– Was fehlt Ihnen, um die Veränderung anzugehen?
– Was hat Ihr Kind für Vorteile durch sein Verhalten?
– Wann ist Ihnen das zum ersten Mal aufgefallen?
– Wann ist das Verhalten zuletzt nicht aufgetreten?
– Was war an dem Tag anders?
– Was kann Ihr Mann usw. tun, um Sie zu unterstützen?
– Was kann ich tun, um Sie zu unterstützen?
– Was können Sie tun, um Ihr Kind zu unterstützen?

Geschlossene Fragen (zu 13.2)

– Gehören die roten Gummistiefel Ihrem Sohn?
– Wird Ihre Tochter vom Kinderarzt Dr. Schröter behandelt?

Alternative Fragen (zu 13.3)

– Können Sie besser am Mittwoch oder am Donnerstag?
– Möchten Sie Kaffee oder Tee?

Suggestive Fragen (zu 13.4)

– Sie möchten doch sicher auch zur Adventsfeier kommen?
– Bestimmt haben Sie sich auch schon Gedanken gemacht?

Zirkuläre Fragen (zu 14.1)

– Was würde Ihr Kind sagen, wenn es dieses hören würde?
– Was würde der Opa/Oma/Vater/Mutter/Arzt sagen, wenn er/sie dieses hören würde?
– Wie würde Ihr Kind die Situation darstellen?
– Was, glauben Sie, würde Ihrem Kind helfen?
– Wer, glauben Sie, würde Ihrem Kind dabei helfen?

– Wie lange – glauben Sie – hält Ihr Kind dieses Verhalten durch?
– Was, glauben Sie, will Ihr Kind damit erreichen?
– Was glauben Sie, würde Ihnen Ihr Arzt/Ihre Vertrauensperson o.Ä. in Ihrer Situation tun/ Ihnen raten zu tun?
– Was wäre anders für Ihr Kind, wenn es dieses Verhalten beenden würde? Was würde ihm dann fehlen?
– Was soll in Ihrer Familie so bleiben, wie es ist?
– Was soll sich auf jeden Fall ändern?

Wunderfragen (zu 14.2)

– Wenn Sie einen Zauberstab hätten, was sollte sich ändern?
– Nehmen wir mal an, das Problem wäre durch ein Wunder/eine Fee beseitigt. Was wäre am nächsten Morgen/Tag anders? Wer würde das als Erster bemerken?
– Nehmen wir mal an, das Problem wäre durch ein Wunder/Fee beseitigt. Woran würden Sie (das Kind, Ihr Mann/Frau, die Oma, der Bruder/ Schwester) dieses merken?

Allgemeine Formulierungen

– Das habe ich nicht ganz verstanden, können Sie es bitte noch mal erklären?
– Ich habe den Eindruck, dass …
– Sie haben gesagt … kann es sein, dass Sie es so… meinen?
– Ich weiß, dass dieses Verhalten jene Konsequenzen haben wird.
– Meine Erfahrung hat gezeigt, dass …
– Bei direkten Fragen von den Eltern: „Ist das o.k./ normal, was mein Kind macht?" nicht unbedingt antworten, sondern zurückfragen: Finden Sie dieses Verhalten in Ordnung? Wer findet es nicht in Ordnung?
– Wenn Eltern zu ausführlich erzählen: Ich habe jetzt viel von Ihnen zu dieser Situation gehört. Wir haben noch eine weiteres Thema zu besprechen und dafür noch 15 Minuten Zeit. Gibt es noch etwas, was ich zu dem eben Besprochenen unbedingt wissen muss? Ist es für Sie in Ordnung, wenn wir uns dem anderen Thema zuwenden?
– Für den Schluss: Ich fasse noch mal zusammen … Unsere Vereinbarung ist: … Schön, dass wir uns die Zeit genommen haben.
– Ausweichfragen bei einem eigenen „Blackout": Können Sie das bitte noch mal genauer beschreiben?

14.3 Das Aufstellen

Eine weitere Methode im systemischen Gespräch ist das Aufstellen oder die Skulpturarbeit. Hier ist große Achtsamkeit sehr wichtig und sie muss sehr behutsam und sensibel eingesetzt werden. Das Aufstellen wirkt durch das Bildhafte sehr eindringlich, es können tiefe Emotionen freigesetzt werden, die von der Erzieherin nicht immer vorhersehbar sind.

Die Beraterin braucht Wissen und Erfahrung darüber, wie Erlebnisse in Familien wahrgenommen und verarbeitet werden und wie sich diese auf das gesamte Familiensystem auswirken. Aus diesem Wissen und eigenen, reflektierten (Lebens-)Erfahrungen entsteht Sicherheit und Glaubwürdigkeit im Umgang mit den Aufstellungen der Familien und den angebotenen bzw. sich ergebenden Lösungen.

Mit dieser Methode können die Hintergründe für die Familie sichtbar werden, die sie mit Worten nicht erfassen (können). Der Eindruck einer Skulptur wirkt länger und direkter als ausschließliches Sprechen über ein Thema. Es gibt mehrere Möglichkeiten für das Aufstellen einer Skulptur, die im Folgenden beschrieben sind.

Eine Skulptur wirkt

14.3.1 Aufstellen mit kleinen Puppen
Für das Aufstellen von aktuellen Familiensituationen eignen sich kleine Puppen sehr gut. Ein Familienmitglied stellt mit einer von der Erzieherin gestellten Aufgabe die Familiensituation mit den Puppen auf dem Tisch. Dabei sind mindestens zwei, besser drei Puppenfamilien notwendig, weil nicht nur die Kernfamilie gebraucht wird, sondern auch Großeltern, wichtige Freunde, bei Patchwork-Familien die Mitglieder beider Familien.

Es stehen immer alle Puppen zur Verfügung (ansprechend in einem Körbchen oder Kästchen verpackt, schließlich sollen sie wichtige Menschen darstellen). Die stellende Person sucht sich selber die entsprechenden Puppen aus. Es macht

Abb. 20: Kasten mit Puppen

nichts, wenn nicht genügend Figuren in der entsprechenden Altergruppe vorhanden sind. Diese kann man tauschen, nicht allerdings das jeweilige Geschlecht.

Es gibt immer eine Aufgabe, z. B.: „Stellen Sie bitte Ihre Familie aus Ihrer Sicht auf" oder: „Stellen Sie bitte Ihre Familie aus der Sicht Ihres Kindes/Ihres Mannes/des Opas auf!" Bei der Aufstellung wird das Thema oder Problem des Gespräches aufgegriffen. Es werden Nähe und Distanz der einzelnen Familienmitglieder zum Ausdruck gebracht, ebenso die Stellung der Personen (Puppen/Gegenstände) zueinander: Schauen sie sich an? Wenden sie sich den Rücken zu? Wendet sich nur eine Person ab? Wer steht dicht beieinander? Berühren sie sich? Fehlt jemand? Wer wird nicht mit aufgestellt, z. B. Expartner, verstorbene Familienmitglieder? Die jeweilige Aufstellung ist eine Abbildung der jeweils aktuellen Situation. Nächste Woche oder zu einem anderen Thema wird sie anders aussehen.

Die Aufgabe ergibt sich je nach dem um welche Situation, um wen es geht und welcher Blickwinkel verdeutlicht werden soll. Beginnt die Aufstellung, ist Zurückhaltung wichtig. Geben Sie keine Kommentare, keine Tipps oder

Anregungen. Das Gleiche gilt auch für weitere anwesende Familienmitglieder. Es ist wichtig, vorher die Regeln mit allen Beteiligen abzusprechen: Keiner bewertet oder kommentiert die Aufstellung der anderen. Mit Sicherheit hat nämlich jeder eine andere Sicht der Dinge und es lohnt sich, diese einzeln (alleine oder nacheinander) aufstellen zu lassen. Diese Zurückhaltung ist wichtig, weil sonst das Bild beeinflusst wird. Die Person, die die Aufstellung macht, muss sich sicher fühlen und selbst entscheiden können. Manchmal dauert die Überlegung etwas länger.

Ist die Aufstellung fertig, erläutert der/die Aufsteller/-in sein/ihr Bild und wir fragen dann entsprechend nach, damit wir sicher gehen können, alles richtig verstanden zu haben. Sind mehrere Familienmitglieder dabei, werden auch sie gefragt, wie sie das Bild empfinden, was ihnen dazu einfällt, was ihnen auffällt, ob sie dies genauso aufstellen würden. (Sie können später selber eine Aufstellung machen, diese aber jetzt nicht verändern.) Wichtig ist hierbei, dass keine Bewertung vorgenommen wird! Es kann sich jeder vorstellen, dass sich sonst niemand mehr traut, eine Aufstellung zu machen.

Meistens fällt den Familien schon beim Betrachten auf, dass sich die einzelnen „Puppen" so nicht wohlfühlen können. Sie sehen, dass das Bild nicht stimmig ist, nicht „rund" aussieht. Dann folgt die Frage danach, was sich für die jeweilige Person bzw. Puppe ändern muss, damit sie sich in der Familie am richtigen Platz und damit wohlfühlt. Das stellen wir dann um, so lange, bis es für die Familie richtig ist. Aus diesem Bild leitet die Familie selber Handlungsschritte ab, die notwendig sind, um das „richtige" Bild zu erreichen. Dieses sind dann meistens auch Veränderungen, die die Familie ohne Probleme umsetzen kann. Das letzte Bild von der „richtigen" Familie prägt sich in der Regel fest ein. Und das ist gut so, denn das ist das Ziel, welches sie erreichen wollen.

Manche Familien brauchen etwas Unterstützung, um das „richtige" Bild zu finden. Aus der Wahrnehmung und dem Wissen über die Familie ergibt sich eine Idee, wie ein „gesundes" Bild der Familie aussieht.

Beispiel:

Die Familiensituation: Die Mutter ist mit ihren beiden Kindern nach der – von ihr gewünschten – Trennung vom Vater der Kinder alleinerziehend. Sie hat eine neue Beziehung, lebt aber mit ihren Kindern allein. Die Kinder besuchen den Vater unregelmäßig und sehen dabei auch ihre Großeltern väterlicher Seite.

Im Eltergespräch habe ich den Eindruck, dass die Mutter sich im Kreis dreht. Sie beschreibt, dass die Kinder nach jedem Besuch beim Vater völlig aufgedreht und durcheinander sind, manchmal wollen sie gar nicht erst zu ihrem Vater. Sie selbst sagt, dass sie den Kontakt zum Vater fördert und für ihre Kinder wichtig findet. In dem Gespräch kommen wir nicht so recht weiter, wir finden die Ursache nicht. Der Mutter ist klar, dass sie selber ihren Exmann ablehnt, aber „vom Kopf her" weiß, dass er immer der Vater ihrer Kinder bleibt und diese den Kontakt brauchen. Diese Ambivalenz spüren ihre Kinder natürlich. Ich frage, welche Personen für ihre Kinder wichtig sind. Da stellt sich heraus, dass die Eltern ihres Exmannes für das ältere Kind eine große Bedeutung haben und sie ein inniges Verhältnis verbindet. Diese Mutter weiß intellektuell also „vom Kopf her vieles und versteht dies auch rein logisch, kann aber diese Erkenntnisse (logischerweise) emotional nicht so einfach umsetzen. Daher erreiche ich sie eher mit anderen Methoden: Ich bitte sie, ihre Familie aus der Sicht ihres älteren Kindes aufzustellen. Zunächst stutzt sie, versetzt sich in ihr Kind (ein Vorteil u. a. dieser Variante ist, dass Elternteile sich in die Situation ihres Kindes versetzen und schon da-

Abb. 21: Puppenaufstellung 1: Vorne links: neuer Lebens-gefährte mit Tochter, daneben die Mutter mit ihren beiden Söhnen, etwas abseits rechts steht der Vater der Söhne und seine Eltern.

durch ein anders Verständnis für das Verhalten ihres Kindes gewinnen), findet dann aber schnell die entsprechenden Puppen und bleibt sehr gut bei der Sicht ihres Kindes. Als das Bild fertig ist, stehen die Großeltern zwar relativ weitab vom Rest der Familie, sind aber mit dabei.

Spontan fegt sie mit einem heftigen Hand-schlag die Großeltern vom Tisch! Sie will sie nicht da haben.

Abb. 22: Puppenaufstellung 2: Die Aufstellung ohne die Großeltern, der Vater steht rechts außen.

Ich frage, wie es ihrem Kind nun geht, ohne die Großeltern. Sie schaut das Bild ohne die Groß-eltern an und bemerkt, dass das für ihr Kind gar nicht richtig ist. Es ist unglücklich, ihm fehlen die Großeltern. Sie hebt die Großelternpuppen auf und stellt sie mit deren Sohn (Vater der Kin-der) in die Nähe ihres Sohnes. Das ist besser! Wir stellen noch ein bisschen um und dann ist das Bild gut.

Abb. 23: Puppenaufstellung 3: Vorne links: neuer Lebensgefährte mit Tochter, daneben die Mutter mit ihren beiden Söhnen, rechts stehen der Vater der Söhne und die Großeltern der Söhne.

Wir beenden diese Sitzung wie sonst auch. Beim nächsten Termin berichtet die Mutter: Sobald sie zu Hause war, hat sie die Telefonnummer der Großeltern in das Telefon eingespeichert und ihrem Kind gesagt: „Ich habe die Telefonnum-mer von Oma und Opa im Telefon gespeichert. Du kannst jederzeit bei Oma und Opa anrufen!" Und das hat sie völlig ernst gemeint, sie hatte keinerlei Vorbehalte diesbezüglich. Sie sagte mir, dass sie das tat, ohne sich vorher großar-tig Gedanken zu machen, was sie denn nun tun müsse, damit es ihrem Kind besser gehe. Die Idee war einfach da und richtig. Alle waren er-leichtert, das Kind strahlte innerlich. So oft hat es gar nicht telefoniert. Die innerliche, echte Er-laubnis der Mutter hat den Knoten gelöst.

14.3.2 Aufstellen mit symbolischen Gegenständen

Für das Aufstellen mit Gegenständen gilt das gleiche Prinzip wie oben beim Aufstellen mit Puppen beschrieben. Ein paar gesammelte Gegenstände sind in einem Weidenkorb, z. B. Muscheln, Steine, ein weiches Tuch, Murmel, Feder, Büroklammer, Wäscheklammer, Legostein, Playmobilfigur, Duplostein, Bauklotz aus Holz, Stöckchen usw. Alles, was einen Symbolwert hat oder was sinnvoll erscheint, kann in diese Sammlung aufgenommen werden.

Abb. 24: Korb mit Gegenständen

Das Aufstellen mit Gegenständen ist sinnvoll bei Personen, die viel über den Verstand regeln und/oder Therapie erfahren sind. Solche Menschen meinen oft zu wissen oder zu ahnen, was die Beraterin angeblich hören will, manchmal kennen sie die sinnhaften Hintergründe von Aufstellungen. Es kann sein, dass sie die Aufstellung so gestalten, wie sie denken, dass sie „richtig" ist. Durch die Verwendung von Gegenständen sind sie abgelenkt und konzentrieren sich zunächst auf die Auswahl eines Gegenstandes für die jeweilige Person. Manchmal ist es für sie leichter, über die gewählten Gegenstände Kontakt zu der Person zu bekommen als relativ direkt über die Puppe. Wenn das Bild fertig ist, ist es abstrakter als eine Aufstellung mit Puppen. Nach der Erläuterung des Bildes wird gefragt, was die je-

weilige Person mit dem gewählten Gegenstand gemeinsam hat und was sie selbst damit verbindet. Z. B. wird ein Stein ausgewählt: Ist die Person steinhart, aber ohne Ecken und Kanten (Kieselstein), hat das auch etwas Positives (Zuverlässigkeit, Stärke)?

Hierbei ist aufmerksames Zuhören wichtig. Die Versuchung, eigene Ideen zu dem Gegenstand unreflektiert zu übertragen, sind groß. Deshalb immer nachfragen, ob Ihr Gegenüber Ihre Interpretation bestätigt oder einen anderen Gedanken dazu hat.

Auch hier offenbart sich durch die Visualisierung ein Bild der aktuellen Situation der Familie. Es wird Unstimmigkeiten geben, Teile der Familie sind am „falschen Platz". Gemeinsam mit der Familie werden die einzelnen Teile/Personen an einen für sie angemessenen und für die Familie gesunden Platz gerückt.

14.3.3 Aufstellen mit vorhandenen Gegenständen

Das Aufstellen mit Puppen und symbolischen Gegenständen ist die optimale, die Luxusvariante. Wenn Sie keine Puppen oder symbolischen Gegenstände zur Hand haben, eignen sich zum Aufstellen auch einfach die Gegenstände (Kaffeetassen, Kaffeekanne, Wasserglas, Wasserflasche, Papiertaschentücher usw.), welche gerade auf dem Tisch stehen. Mit den vorhandenen Gegenständen können gut innerliche Größenunterschiede (Glas und Wasserflasche) dargestellt werden. Die Vorgehensweise ist die gleiche wie oben beschrieben beim Aufstellen mit Puppen (siehe Kapitel 14.3.1).

Die Gegenstände auf dem Tisch sind – genauso wie die anderen o. g. Gegenstände – gut geeignet, um Eltern spontan familiäre Zusammenhänge bildlich darzustellen.

Neben der Möglichkeit, dass die Familienmitglieder eine Aufstellung gestalten, kann auch die Beraterin den Eltern das Angebot machen, ihren Eindruck von der Situation abzubilden. In dem folgenden, beschriebenen Beispiel wird

Familiäre Größenverhältnisse

diese Möglichkeit dargstellt. Diese Variante ist selbstverständlich auch bei dem Aufstellen mit Puppen oder symbolischen Gegenständen möglich. Manchmal tun sich die Eltern schwer, selber die Familie aufzustellen; da ist es unterstützend, wenn die Erzieherin den Eltern dieses Angebot macht. Wichtig ist es, dabei sensibel vorzugehen und die Reaktion der Eltern zu beachten. Haben Sie den Eindruck, die Eltern möchten kein Bild sehen oder könnten damit überfordert sein, dann stellen Sie natürlich Ihren Eindruck nicht auf. Stimmen die Eltern zu, stellt die Erzieherin ihren Eindruck von der Situation mit den Gegenständen. Natürlich ist es wichtig nachzufragen, ob dieser Eindruck richtig ist oder was an der Aufstellung richtig oder falsch ist. Die Eltern können und sollen die Aufstellung korrigieren oder kommentieren.

> **Beispiel:**
> Eine Mutter kommt in die Beratung, weil ihr Kind überhaupt nicht auf sie hört. Dieses ziehe sich durch alle Bereiche des Alltags. Auf den Vater höre das Kind etwas besser, aber auch nicht so, wie die Eltern sich das wünschen.

Im Laufe des Gesprächs habe ich den Eindruck, dass das Kind die Familie dominiert, über alle bestimmt. Das Kind entscheidet, wann es ins Bett geht, was es isst, was es anzieht usw. Es steht – bildlich gesehen – über der ganzen Familie, ist größer als seine Eltern. Ich frage, ob ich ihr einmal darstellen dürfe, welches mein Eindruck ist. Eine andere Fragemöglichkeit ist: Ich sage, dass ich einen Eindruck gewonnen habe und ob sie diesen wissen möchte? Sie bejaht und ich wähle die große Wasserkaraffe als ihr Kind und unsere Gläser als Vater und Mutter und stelle sie auf dem Tisch als Familie auf.

Die Mutter schaut das Bild an und sagt: „Ja, genauso ist es! Wir fühlen uns oft klein und hilf-

Abb. 25: Aufstellung Tisch 1: Links die große Wasserkaraffe ist das Kind, die beiden Gläser stellen die Eltern des Kindes dar.

los unserem Kind gegenüber." Ich frage sie, wie es ihrem Kind mit diesem Größenverhältnis geht. Sie bemerkt sofort, dass das Kind völlig überfordert ist. Es sucht seine Eltern, zu denen es aufschauen kann, die ihm Halt geben. Dieses ist so nicht möglich. Durch die visuelle Darstellung war es der Mutter möglich, dieses Missverhältnis zu sehen – im wahrsten Sinne des Wortes. Ich biete ihr eine andere Möglichkeit an und stelle ihre Familie neu auf. Diesmal sind die Eltern die beiden großen Wasserkaraffen und das Kind ist das Glas. So sind die Größenverhältnisse angemessen.

Abb. 26: Aufstellung Tisch 2: Links das Glas stellt das Kind dar, die Wasserkaraffen stellen Vater und Mutter dar.

Die Mutter blickt auf dieses Bild und ist erleichtert. So fühlen sich alle drei wesentlich besser. Ich habe sie ermutigt und aufgefordert, ihre Position als Mutter einzunehmen und ihre Verantwortung dem Kind gegenüber anzunehmen.

ZUSAMMENFASSUNG

- Der Eindruck einer Skulptur wirkt intensiver als die Sprache allein.
- Eine Aufstellung ist mit Personen, Puppen und Gegenständen möglich.
- Das Aufstellen oder Skulpturarbeit erfordert viel Sensibilität und Erfahrung.

14.3.4 Aufstellen mit Teilnehmenden

Das Aufstellen mit Teilnehmenden sei der Vollständigkeit halber erwähnt. Es kann in einer größeren Gruppe durchgeführt werden. Diese Methode muss sehr professionell von einer erfahrenen Gesprächführerin begleitet werden, weil die Personen sich intensiv in die ihnen zugewiesene Person einfühlen und deren Emotionen erleben. Die Methode soll hier nicht weiter erläutert werden, weil sie für das reine Elterngespräch keine Rolle spielt. Weiteres können Sie z. B. bei Bert Hellinger (2001): Ordnungen der Liebe. München, nachlesen.

14.4 Die Hausaufgabe

Am Ende eines Gespräches kann es sinnvoll sein, der Familie eine Hausaufgabe mitzugeben. Diese sollte sehr einfach und spielerisch leicht zu erfüllen sein. Der Sinn einer Hausaufgabe besteht darin, die Familie von ihrem Problem abzulenken und damit andere Lösungsmöglichkeiten zu eröffnen. Außerdem soll der Blick der Familie auf ihre Ressourcen gelenkt werden. Oft ist die Wahrnehmung aller Familienmitglieder nur noch auf das Problem fokussiert. Sie nehmen alle anderen, positiven Situationen nicht mehr wahr (selektive Wahrnehmung). Das kennt jeder: Ist ein Paar frisch verliebt, sieht es nur noch Händchen haltende Pärchen. Ist eine Frau schwanger, sieht sie plötzlich überall Mütter, die Kinderwagen schieben, die scheinbar vorher nicht da gewesen sind.

Die Hausaufgabe: „Verändern Sie nichts! Machen Sie in der nächsten Woche alles so wie bisher", dient der Entlastung der Familie. Sie ist sinnvoll, wenn eine Familie sehr unter Druck steht. Gestresste Menschen sind oft nicht in der Lage, ihre Situation aus einem anderen Blickwinkel zu sehen und Lösungswege zu erkennen. Sie handeln in ihrem vertrauten Schema (siehe auch Kapitel 5.1). In der Regel halten die Familien diese Hausaufgabe nicht ein, denn allein schon durch das Gespräch mit der Erzieherin tritt eine Veränderung ein und sie können nicht mehr ganz genauso handeln wie vorher.

Beispiele:
- Achten Sie die kommende Woche besonders auf alles, was Ihnen an Ihrem Kind gut gefällt!
- Notieren Sie in der kommenden Woche alle Zeiten, zu denen Ihr Kind nicht in die Hose gemacht hat.
- Achten Sie darauf, dass sie in der nächsten Woche nichts in Ihrem Alltag verändern, machen Sie alles genauso weiter wie bisher.
- Legen Sie sich einen Zettel zurecht und jedes Mal, wenn Ihr Kind sich so verhält, wie Sie es sich wünschen, malen Sie ein Smiley.

 Übung 16:

Erinnern Sie sich an die letzten drei Elterngespräche. Überlegen Sie sich zu jeder Familie eine adäquate Hausaufgabe.

Blick auf die Ressourcen

- Die Hausaufgabe dient dazu, den Blick vom Problem auf die Ressourcen zu lenken.
- Die Hausaufgabe wird am Ende des Gespräches gegeben.
- Sie soll spielerisch und leicht durchzuführen sein.

14.5 Die paradoxe Intervention

Eine weitere Methode in der systemischen Gesprächsführung ist die paradoxe Intervention. Diese sollte sensibel und sehr bewusst eingesetzt werden, da die paradoxe Intervention eine eigene Dynamik hat und der Ausgang nicht vorhersehbar ist. Das heißt, alle Ergebnisse, die sich daraus ergeben, müssen für die Familie und die Erzieherin in Ordnung sein. Diese Methode geht nicht gegen das „Fehlverhalten" an, sondern führt es bewusst herbei. Familien, die im Gespräch auf der verbalen Ebene nicht gut erreicht werden, werden durch die paradoxe Intervention irritiert, um eine Auseinandersetzung mit dem Problem zu provozieren. Durch eine Hausaufgabe (siehe Kapitel 14.4), mit der Sie auffordern, das „Fehlverhalten" besonders auszuleben, wird den Eltern erst klar, wie sie sich selbst verhalten und womit sie das Problem ihres Kindes ungewollt fördern/herausfordern. Natürlich

Auseinandersetzung mit dem Problem

> **Beispiel:**
> Frau Maler kommt in die Beratung, weil ihre fünfjährige Tochter Nadine abends nicht einschlafen will. Jeden Abend verlängert Nadine mit verschiedenen Wünschen das „ins Bett bringen" und es dauert sehr lange, bis Nadine einschläft. Frau Maler ist berufstätig. Sie möchte am Abend ihre Ruhe haben und sich vom anstrengenden Tag erholen. Sie ist schon völlig genervt und weiß nicht mehr weiter.

ist so eine Aufgabe eine Provokation und darf nur sehr gezielt eingesetzt werden.

Im Gespräch fragt die Erzieherin, wie die Zeit nach dem Abholen aus der Kita aussieht. Die Mutter erzählt: „Wir gehen einkaufen und dann nach Hause. Dort mache ich etwas im Haushalt und spiele dann mit Nadine. Ich will ja auch was von ihr haben! Dann gibt es Abendessen und ich bringe sie ins Bett." Die Erzieherin fragt nach: „Erzählen Sie mir doch bitte mal genau, wie das Ins-Bett-Bringen abläuft. Beginnen Sie mit dem Zähneputzen." Die Mutter schildert, dass Nadine nach dem Zähneputzen (dies läuft nicht ohne Probleme und Machtkämpfe ab) ins Bett geht, und die Mutter liest ihr eine Geschichte vor. Dann gibt sie ihrer Tochter einen Gute-Nacht-Kuss und geht aus dem Zimmer. Kurze Zeit später ruft Nadine, sie möchte etwas zu trinken. Frau Maler bringt ihr ein Glas Wasser. Wiederum kurze Zeit später muss Nadine auf die Toilette, dann kann sie nicht einschlafen, es ist zu dunkel, sie hat wieder Durst, Frau Maler bringt ihr nochmals Wasser usw. … Später am Abend ist Frau Maler völlig genervt, schreit ihre Tochter manchmal an, irgendwann schläft Nadine dann ein.

Zum Ende des Gespräches gibt die Erzieherin der Mutter folgende Hausaufgabe: „Machen Sie in der nächsten Woche alles weiter wie bisher, mit einer Ausnahme: Bieten Sie Ihrer Tochter zwei oder drei Getränke zur Auswahl an."

Beim dem Gespräch eine Woche später erzählt die Mutter lachend, wie seltsam sie sich vorkam, als sie ihre Tochter fragte, was sie denn zu trinken haben möchte. „Eigentlich will ich ihr gar nichts zu trinken bringen!" Frau Maler stellt ihrer Tochter nun ein Glas mit wenig Wasser ans Bett, mehr gibt es nicht. Diese Idee hätte sie als Vorschlag der Erzieherin wahrscheinlich mit einem „Ja, aber…" beantwortet.

Mit der Hausaufgabe, alles so weiterzumachen wie bisher, wird die Mutter entlastet. Dies ist wichtig, weil sie ohnehin schon sehr unter Druck steht und unter Stress nicht angemessen und überlegt handeln kann (siehe Kapitel 5.1). Die paradoxe Intervention war in diesem Beispiel die Hausaufgabe, dem Kind zwei oder drei Getränke zur Wahl anzubieten. Die Aufforderung überspitzt das Verhalten der Mutter, dem Kind immer wieder ein Glas Wasser zu trinken zu bringen. Hätte die Erzieherin Frau Maler aufgefordert, dem Kind nichts mehr zu trinken zu bringen oder nur ein Glas Wasser hinzustellen (wie sie es letztlich selber entwickelt hat), hätte Frau Maler sich mit großer Wahrscheinlichkeit dagegen gesträubt und diverse Argumente aufgeführt, warum sie dies nicht durchführen kann. Jede Familie oder Person kann nur den eigenen, individuellen Weg zur Lösung ihres Problems umsetzen, den sie selber findet.

Abschluss eines Gespräches ist es, den Blick auf die Ressourcen der Familie, ggf. der einzelnen Familienmitglieder, zu lenken. Alle Beteiligten bekommen ein positives Feedback. Selbst bei einer Familie, die Sie als sehr schwierig und wenig kooperativ empfinden, gibt es positive Aspekte. Zum Beispiel: „Ich habe heute bemerkt, dass Sie sich viele Gedanken über Ihr Kind machen.", „Schön, dass Sie sich die Zeit genommen haben, heute hierherzukommen und das Thema mit uns zu besprechen.".

Falls eine Vereinbarung getroffen wurde (z.B. die Eltern machen einen Termin bei der Logopädin), wird ein weiterer Termin verabredet, um die Ergebnisse auszutauschen. Dann bedanken wir uns für das Gespräch und geleiten die Eltern zur Tür.

ZUSAMMENFASSUNG

- Die paradoxe Intervention kann den Eltern Verhaltensweisen verdeutlichen, mit denen sie ungewollt ein unerwünschtes Verhalten ihres Kindes unterstützen.

14.6 Der Abschluss des Gespräches

Wenn das zeitliche Ende des Gesprächs naht (ca. zehn Minuten vor Schluss), ist es gut, darauf hinzuweisen und zu fragen oder zu sagen, was heute noch besprochen werden soll. Dann fasst die Gesprächsleiterin noch mal das Gesagte zusammen und formuliert ggf. die getroffenen Vereinbarungen. Dabei wird das Problem neu, mit einem positiven Aspekt, formuliert, sodass den Eltern eine neue Sichtweise ermöglicht wird. Ging es um Verhaltensweisen des Kindes, ist die Erwähnung eines positiven Aspektes besonders wichtig. Dadurch wird das Wertesystem der Familie verändert und erweitert. Wenn es sinnvoll erscheint, wird eine entsprechende Hausaufgabe (siehe Kapitel 14.4) gegeben. Wichtig beim

 Übung 17:

Nehmen Sie eine Familie aus Ihrer Gruppe oder Ihre Familie oder Nachbarn; möglichst eine Gruppe, mit der Sie gerade Streit oder Unstimmigkeiten hatten. Notieren Sie zu jedem Mitglied dieser Gruppe drei positive Eigenschaften, welche Sie demjenigen ehrlich sagen können.

ZUSAMMENFASSUNG

- Das Ende des Gespräches ankündigen.
- Eine Zusammenfassung des Gespräches geben.
- Ggf. die Vereinbarung formulieren.
- Der Familie eine positive Rückmeldung geben.
- Durch Formulierung eines positiven Aspektes des Fehlverhaltens das Wertesystem der Familie erweitern.

Positiven Aspekt formulieren

Literaturhinweise

Gordon, T. (1972): Familienkonferenz, München

Leupold, E. M. (1995): Handbuch der Gesprächsführung Freiburg

Rogoll, R. (1998): Nimm dich, wie du bist. Freiburg

Satir, V. (1996): Kommunikation Selbstwert Kongruenz. Paderborn

Schlippe, A. v.; Schweitzer, J. (1998): Lehrbuch der systemischen Therapie. Göttingen

Schulz v. Thun, F. (1998): Miteinander reden. 2 Bde. Reinbek

Tannen, D. (1986): Das hab ich nicht gesagt. München

- (1990): Du kannst mich einfach nicht verstehen. München

Watzlawik, P. (1986): Vom Schlechten des Guten. München

- (1987): Anleitung zum Unglücklichsein. München

Bildquellen

Zur Autorin

Irene M. Beier, Jahrgang 1958, ist Diplom-Sozialpädagogin und systemische Familienberaterin. 1990 baute sie eine neue Kindertagesstätte in Bremen auf und übernahm die Leitung. Ab 2007 ist sie verantwortlich für den Aufbau von zwei Kinderkrippen, deren eine, die Krippe „sternchen" der Daimler AG, sie weiterhin leitet. Sie verfügt außerdem über eine Zusatzausbildung im Durchführen von Seminaren und ist nebenberuflich immer wieder als Dozentin in der Aus- und Weiterbildung tätig. Durch diverse Elterngespräche hat sie reichhaltige Erfahrungen in diesem Bereich gesammelt.

Für Vertiefungen gibt es Literaturhinweise oder Sie können sich auch gern an mich zwecks Beratung oder Fortbildung wenden:

Irene M. Beier
Heidberger Str. 42
28865 Lilienthal
E-Mail: Irene.Beier@gmx.de